BUZZ

© 2018 Buzz Editora

Publisher ANDERSON CAVALCANTE
Editora SIMONE PAULINO
Assistente editorial SHEYLA SMANIOTO
Projeto gráfico ESTÚDIO GRIFO
Assistentes de design LAIS IKOMA, STEPHANIE Y. SHU
Preparação TEREZA GOUVEIA
Revisão JORGE RIBEIRO, DIEGO FRANCO GONÇALVES

Dados Internacionais de Catalogação na Publicação (CIP) de acordo com ISBD

Rodrigues, Sandro
Crença Inabalável / Sandro Rodrigues
São Paulo: Buzz Editora, 2018.
208 pp.

ISBN 978-85-93156-66-3

1. Autoajuda 2. Empreendedorismo 3. Carreira 4. Conduta de vida 5. Desenvolvimento humano I. Título

159.947 / CDD-158.1

Índices para catálogo sistemático:
1. Autoajuda   158.1
2. Autoajuda   159.947

Todos os direitos reservados à:
Buzz Editora Ltda.
Av. Paulista, 726 – mezanino
CEP: 01310-100 São Paulo, SP

[55 11] 4171 2317
[55 11] 4171 2318
contato@buzzeditora.com.br
www.buzzeditora.com.br

CRENÇA
INABALÁVEL
SANDRO RODRIGUES

PARA

_____

CONTE COMIGO...
NO MÍNIMO PARA
SEMPRE!

SANDRO
RODRIGUES

SOBRE A FRAGRÂNCIA

A Hinode é uma empresa apaixonada por produtos. Eles são um dos pilares estratégicos do nosso negócio.

Por meio deles, levamos beleza, prosperidade e alegria para os lares dos consumidores. Esse é o nosso propósito!

Um dos produtos mais emblemáticos de nossa história é a fragrância Empire.

Criada em 2015 em parceria com a renomada Casa de Fragrância Robertet, Empire celebra as conquistas do homem contemporâneo.

Empire exalta a personalidade determinada, dinâmica e elegante do homem que sabe que é o protagonista de sua história.

A fragrância, que combina o frescor das notas aromáticas e cítricas com o poder do musk e das notas âmbaradas, conquistou o Prêmio de Melhor Criação Perfumística pela Abihpec em 2015.

Esse reconhecimento, que é motivo de muito orgulho para a família Hinode, contribuiu não apenas para fortalecer a marca Empire – que desde então vem ampliando e inovando seu portfólio – como também ajudou a posicionar a Hinode na liderança do mercado de perfumaria brasileiro.

Ao abrir o livro você sentiu o poder do Empire.

Aos meus grandes motivos: minha esposa Leila, meus filhos Kauê, Ana Vitória e João Gabriel (filho do coração). Por eles nada se torna difícil, por eles sempre darei o meu melhor.

A missão Hinode de "Oferecer às pessoas uma oportunidade para mudar de vida".

A toda pessoa que acredita ser possível construir o melhor em sua vida!!!

AGRADECIMENTOS

Aos meus pais, Francisco e Adelaide Rodrigues, os primeiros que sonharam e acreditaram que poderíamos vencer.

Aos meus irmãos, Alessandro, Crisciane e Leandro. Com eles aprendi a amar incondicionalmente.

A todos os consumidores, franqueados, consultores e líderes do Grupo Hinode. Ainda tenho muitos sonhos a serem alcançados, mas se não tivesse mais nenhum, continuaria trabalhando por gratidão a todos vocês. Vocês mudaram a minha vida.

Aos funcionários do Grupo Hinode. Através de suas mãos, mentes e corações são fabricados os melhores produtos do mundo.

Aos diretores da Hinode. Vocês são muito mais que um TIME, são de verdade minha família.

A Cinthia Dalpino, por ter me ajudado a transformar minha vida e crenças em palavras.

PREFÁCIO

Sempre soube que o Sandro era um homem especial, mesmo quando o conheci e ele ainda era um menino. Eu sabia que aquele menino seria um grande homem, através das suas pequenas atitudes, grandes sonhos e imensa vontade de crescer, lutar e mudar o mundo. Acreditava que ele realmente seria o que ele tanto sonhava ser por um único motivo: eu conhecia seu coração e ele era infinitamente bondoso e grato a Deus.

Ao longo dos anos presenciei de perto a construção do Sandro de hoje, aqueles olhos apaixonados dignos de um visionário, a crença inabalável e atitude incansável permaneceram dia a dia em seu coração. Nenhum obstáculo foi capaz de fazê-lo desistir; pelo contrário, a cada queda, ele se levantava ainda mais forte.

Tive a honra de estar ao lado desse homem, que com orgulho chamo de meu grande amor, nos piores e nos melhores momentos da sua vida. Acreditem, o Sandro enfrentou grandes desertos e noites muito escuras durante a sua jornada. Minha crença nesse homem, em seus valores e princípios era tão forte que nunca duvidei da sua vitória, sabia que era questão de tempo. Confesso que por muitas vezes também senti medo, mas, por incrível que pareça, as dores da jornada faziam com que meu amor e minha admiração se tornassem ainda mais sólidos. Permaneci a seu lado, cúmplice das lágrimas que escorreram pelo seu rosto, quando o medo queria ser maior do que a fé, e muitas vezes choramos juntos.

Aliás, é assim que venho testemunhando a vida do Sandro, um verdadeiro gladiador, um homem que luta, principalmente consigo mesmo, para se tornar melhor a cada dia e com cada um que se coloca à sua frente.

Sandro escreveu esse livro com o coração aberto, sem medo, descreveu seu mundo, seus dias de luta, se desnudou com o intuito de contar o que aprendeu em sua jornada.

O Sandro que eu conheço e que você terá o prazer de conhecer mais profundamente agora é um homem extraordinário, e eu garanto que você só lerá verdades, porque, como ele costuma di-

zer, não é um homem dado a mentiras. Honestidade é uma das virtudes dele e é a espinha dorsal deste livro.

Com certeza, um dos seus maiores desejos ao escrever este material era o de compartilhar uma história real, de um homem de carne e osso, com fraquezas e medos, mas sobretudo com uma crença inabalável de que é possível vencer. Acredito que o Sandro quer que você nunca deixe a esperança morrer em sua vida, que você nunca desista dos seus sonhos e que você possa aprender a grandiosidade do poder da fé em Deus.

A história dele pode fazer com que você se identifique e, através de seus olhos, de sua perspectiva, reconheça os seus próprios desertos, as suas dores e os seus desafios. Estou certa de que conhecer o "Sandro Rodrigues" através das páginas deste livro lhe dará a oportunidade de ter um grande modelo nas mãos para seguir.

Enfim, a cada página lida, pude relembrar dos momentos de dor, do medo e das inúmeras decepções pelas quais ele passou. Rever tudo isso através das suas palavras fez com que eu me apaixonasse ainda mais (será que isso é possível?!) pelo homem que ele é, e sentisse as lágrimas rolarem, mas desta vez de puro contentamento.

Desejo profundamente, assim como o Sandro, que este livro sirva para que milhares de pessoas sejam incentivadas a nunca desistirem de seus sonhos – garanto que esse foi o maior motivo que fez com que ele parasse de trabalhar por algumas longas horas e escrevesse esta história. Ele entregou a você toda a sabedoria que a vida lhe deu, assim como um pai faz com um filho.

Você poderá usar este livro como livro de cabeceira em seus momentos de desânimo, em seus momentos de dúvida e em seus momentos de alegria e glória.

Este homem ainda carrega o brilho no olhar daquele menino que eu conheci jovem, e não mediu esforços por você, leitor, por confiar que, ao se reconhecer através dele, você possa também mudar o mundo.

Se você está preparado a não desistir e quer deixar o seu legado neste mundo, leia, saboreie, aprenda com este livro. Encontre nestas páginas, e dentro de você, o seu melhor.

Tenho certeza de que, ao terminar este livro, você estará transformado.

Assim como o Sandro, eu desejo que você, mesmo que esteja no deserto da sua vida, consiga atravessá-lo sem nunca desistir, tornando-se cada dia mais forte. Que possamos vencer, sempre, no plural.

LEILA RODRIGUES

**DURANTE
O TEMPO DA
PROVAÇÃO
NO DESERTO**

HEBREUS 3:8

O deserto é um lugar quente, árido e solitário. Quem caminha nele fica com sede e não encontra água, fica com fome e não encontra comida, fica com calor e não encontra sombra. No deserto, aparecem miragens que fazem com que a pessoa acredite que irá saciar a sede e matar a fome. Mas essas miragens não passam de meras ilusões.

Atravessar um deserto é perigoso. Tem ventos fortes que tentam nos derrubar, tem todos os tipos de riscos, apesar de a região ser desabitada. E à noite, quando a temperatura cai abaixo de zero, o sofrimento parece interminável. Não há repouso, nem paz, pois os perigos se multiplicam com o repentino aparecimento de seres que ficaram escondidos durante o dia.

Talvez você já tenha vivido o seu deserto, e eu acredito que todos nós passamos por vários "desertos" ao longo da nossa vida. Essa passagem é recorrente e inesperada, ela nos deixa vulneráveis e nos faz questionar o porquê de estarmos naquela situação.

As dificuldades parecem não ter fim, percebemos que não somos autossuficientes e precisamos de Deus e de nossos irmãos. É no deserto que sentimos uma dor intensa na pele e provamos

nossa fé. Provavelmente também é no momento em que o atravessamos que passamos a ter mais compaixão e sentimos como é doloroso enfrentar certos obstáculos.

Passar pelo deserto é cansativo, difícil, uma batalha que acontece dentro de nós. Essa batalha exige que tenhamos confiança, desmascaremos as miragens para que possamos contemplar os milagres e o instante da vitória.

Muitas vezes é no deserto que o coração seca e morre. A própria Escritura Sagrada diz que 600 mil homens saíram do Egito, mas apenas dois entraram na Terra Prometida. No deserto, onde 99% deles fracassaram, Jesus venceu.

Mas, na provação, quando a fé escapa de nossas mãos e fica difícil caminhar, não conseguimos enxergar qualquer sinal de bênção.

Era assim que eu me sentia naquela noite. Sabia que tinha sonhado com algo novo e profundo e, como Moisés, queria levar meu rebanho para o outro lado do deserto. Não estava contente com a vida como ela estava e sabia que existia algo mais a ser feito. Desejava algo melhor.

Eu sabia que não existiria sucesso sem pagar um preço. Mas estar disposto a atravessar o deserto era me colocar em risco, porque eu não sabia o que existia do outro lado dele. Só saberia quando chegasse, e se eu vacilasse ou a coragem me abandonasse, não cumpriria minha missão.

A responsabilidade tinha batido à minha porta, eu não podia simplesmente largar o rebanho e abandonar tudo. Deus tinha colocado um desejo no meu coração para me mostrar que havia mais na vida, mas eu não conseguia enxergar.

Não naquela noite.

Em 2008 comecei a atravessar meu deserto. Completamente vulnerável, eu não sabia como conduzir o meu rebanho. Tinha reunido meus 40 líderes de vendas da Hinode e dito que iniciaríamos um novo modelo de vendas que mudaria a história da empresa. Faríamos a Hinode estar onde merecia estar.

Estava tudo pronto. Tínhamos criado um mecanismo que eu acreditava que possibilitaria que nosso sonho se realizasse. Foi então que, no primeiro mês de tentativas, tivemos uma queda de 90% no faturamento.

Era o ano da crise internacional, e nossa empresa estava sólida, com 20 anos de existência, prosperando até aquele dia. Aos poucos, perdemos tudo que tínhamos conquistado ao longo dos anos. Minha mãe vendeu sua casa, vendemos o terreno, o prédio, tudo que tínhamos.

As pessoas que ganhavam 3 mil reais de comissão em vendas já não ganhavam quase nada. Naquele momento, longe do oásis que já tínhamos habitado, nossa fonte começou a secar e sentimos que o solo não estava fértil para caminharmos.

Eu sentia que tinha destruído tudo que meus pais tinham conquistado com sangue e suor e ouvi que tinha acabado com o negócio da família. No meu coração, entendia que tinha enterrado tudo que tínhamos.

Quando coloquei os dois pés naquele deserto, disposto a atravessá-lo, entendi que estava começando a minha grande provação. Durante o dia, suava e sofria, caminhando completamente perdido. Durante as noites escuras da alma me sentia desprotegido e discutia com Deus.

"Por quê?"

Eu não sabia se Ele queria me testar, mas eu ficava perguntando o motivo para Ele ter colocado desejos dentro do meu coração e feito com que eu acreditasse que havia mais na vida, se eu não conseguiria atravessar aquele deserto. Não sabia quanto tempo teria que caminhar, quanto perigo teria que enfrentar e quem estaria ao meu lado durante a travessia. Eu achava que já poderia voar sem turbulências e navegar sem tempestades. A vida já tinha me testado de diferentes formas.

Seria medo de não conseguir atravessar aquele deserto? Na dúvida, as minhas lágrimas adubavam o solo do meu coração, e eu implorava a Deus que me desse forças.

A empresa estava de mal a pior. Fui ao banco, pedi dinheiro para o meu gerente e ele negou. Nada dava certo e a cada porta que era fechada, eu questionava mais a Deus. Como aquilo poderia estar acontecendo comigo?

Só que eu continuava acreditando, mesmo sem conseguir enxergar nenhuma possibilidade de sair daquele cenário. Eu conversava com os gerentes e dizia o quanto precisava deles.

"Vamos construir uma grande empresa", era o que eu repetia sem cessar.

No entanto, o desafio proposto era ainda maior. Quando pedi que reduzissem o salário dos gerentes pela metade para que conseguíssemos atravessar aquele período de escassez, dos sete, seis disseram "sim" e eu passei dezoito meses sem levar um único centavo para casa.

As noites sem dormir eram constantes. Quando chegamos em 2011, reunidos no apartamento da minha mãe, contabilizando um endividamento 6 vezes maior que o faturamento, recebemos o seguinte diagnóstico do diretor da empresa: "Teremos a empresa até março de 2012, senão será falência total. Não tem mais o que fazer, nem o que vender".

A cada dia era como se as coisas piorassem. A fome e a sede do deserto pareciam ganhar novas proporções. Dentro de mim, algo dizia que existia uma saída, mas eu não conseguia enxergar nada. Como confiar em algo que eu não podia ver nem tocar?

Ao mesmo tempo, eu não conseguia me dar conta de que algo incrível acontecia: eu negociava com o banco e com os fornecedores, e no dia de pagar os 40 funcionários milagrosamente tínhamos o dinheiro em conta. Exatamente a quantidade necessária. Nem um centavo a mais, nem um centavo a menos.

Mas não tínhamos atravessado tudo aquilo para morrer debruçados na areia, sem fé nem esperança. Tínhamos certeza de que poderíamos virar o jogo e ver o sol nascer de outro jeito. A empresa com que sonhamos tinha que acontecer.

Talvez você já tenha enfrentado a pior dor da sua vida e vivido seu maior milagre. Se não aconteceu com você, vou lhe contar uma coisa: antes da bênção, sempre vem a provação e é nesse momento que pensamos em desistir.

Nesse período, quando chegava o final de semana, eu chorava, os mais próximos duvidavam e eu dizia "Senhor, eu não tenho mais forças". Mas eu sabia que fé não era ausência de medo. Fé era ter a atitude clara, mesmo com medo.

Quando eu passei pelo pior fim de ano da minha vida, vendo tudo que tinha sido construído pela minha família esvaindo pelos dedos, tive um clique. Chamei todos os líderes, contei a ideia e

ouvi a resposta do Genisson, um cara que tinha sido garçom e fazia parte da equipe: "Sandro, eu não tô vendo o que você tá vendo e não enxergo o que você tá enxergando, mas pode falar o que você quiser que eu faço. Vou caminhar pela sua visão".

Naquele dia, cheguei em casa, olhei para trás e vi todo o percurso que tinha feito. Vi o caminho que tinha percorrido, mesmo tropeçando, e entendi como era bom poder sentir saudade por ter partido. Vi que eu precisava ter percorrido aquele caminho.

Olhando para o Alto, agradecendo por ainda ter fé, apesar de não enxergar aonde podia chegar, eu relembrei cada passo da minha jornada e escrevi uma meta num papel.

Aquela meta não parecia ser uma miragem.

PORQUE A **FÉ** QUE VOCÊS TÊM É PEQUENA. EU LHES ASSEGURO QUE, SE VOCÊS TIVEREM FÉ DO TAMANHO DE UM GRÃO DE MOSTARDA, PODERÃO DIZER A ESTE MONTE: "VÁ DAQUI PARA LÁ", E ELE IRÁ. NADA LHES SERÁ **IMPOSSÍVEL.**

MATEUS 17:20

Sou o primeiro filho de Seu Francisco e Dona Adelaide. E a minha história começou muito antes de eu nascer, quando meu pai veio da roça onde colhia café e minha mãe veio do sertão da Bahia, onde o sol racha a terra. Ela já sabia o que era seca antes que eu atravessasse meu deserto e fugiu com um grupo de retirantes para tentar a vida em São Paulo.

Minha mãe, Dona Adelaide, tinha apenas 18 anos quando disse para o chefe dela na José Paulino, onde trabalhava, que queria ser paga por cada peça que produzisse. Costureira das boas, ela não queria viver de salário. Tinha sonhos ambiciosos que a fizeram triplicar seu salário antes mesmo de conhecer meu pai.

Meu pai, Seu Francisco, também queria subir na vida, mas a forma como fazia isso era diferente. Seu primeiro trabalho como servente de pedreiro possibilitava que ele visse crescer um prédio de quatro andares. E para ver aquilo de pé precisava carregar muito concreto nas costas e construir tijolo por tijolo. Depois disso, foi ser entregador de móveis.

Minha mãe, que nunca deixou que a vida escolhesse nada para ela, diz que escolheu meu pai para ser seu companheiro no mo-

mento em que o viu pela primeira vez. Determinada, ela disse para ele que, se ele quisesse ser alguém, precisaria ter uma profissão.

"Eu só vou namorar você se me prometer que vai ter uma profissão, porque eu não quero namorar um entregador de móveis." Foi aí que ele resolveu se tornar torneiro mecânico.

Da união de uma costureira e um torneiro mecânico, nasceu o Sandro. O Sandro sou eu, primeiro filho de uma família de quatro irmãos que morava nos fundos da casa da avó.

Eu me lembro de meu pai saindo muito cedo para trabalhar quando eu era pequeno e dando um beijo, enquanto eu ainda estava dormindo. Assim que eu me levantava, já escutava o barulho da máquina de costura da minha mãe, que não parava das seis da manhã até uma da madrugada. De noite, quando ele voltava, geralmente já estávamos dormindo.

Ao contrário do que parecia, essa rotina não nos afastava. Todo tempo que ele tinha livre era dedicado aos filhos que foram povoando a casa nos seis anos seguintes: depois de mim, nasceram meus irmãos Alessandro, Crisciane e Leandro. Aos finais de semana, a festa era garantida, quando meu pai voltava da feira perto de casa, carregado de pastéis. Nesses dias, nos amontoávamos ao redor dele e comíamos aquele pastel, com gosto, sentados na porta de casa. Era nesse momento que ele pegava uma bacia cheia de laranja, botava a gente na frente e descascava para todo mundo.

Naquelas tardes, conhecíamos o gosto da felicidade e da cumplicidade. Eu era o irmão mais velho e tinha uma ligação muito especial com meus irmãos. Era uma conexão forte, daquelas que não sabemos como nasce, mas que viram um elo inquebrantável.

Mesmo pequenos, dizíamos assim um para o outro: "Pode tudo dar errado, só a gente que não pode, só nós, entre nós". É claro que nem imaginávamos que ali nascia um pacto, batizado dentro de uma casa que ficava numa rua de terra e não tinha nem água encanada.

Ali, depois do café da manhã, ninguém tinha moleza. Como filho mais velho, eu era sempre escalado para ir com a minha mãe buscar água na praça com um balde. No caminho de volta minha mãe dizia: "Nascer pobre não é uma escolha. Morrer pobre é."

Dona Adelaide tinha até a 4ª série primária, o equivalente ao 5º ano atual, mas aprendia tudo com a vida e no nosso dia a dia distribuía as lições para os filhos.

"A vida vai te colocar um monte de possibilidades. A grande diferença é o que você vai fazer com tudo isso."

Enquanto isso, meu pai nos ensinava a amar as pessoas. Com um coração maior que o peito podia carregar e sempre entusiasmado, ele dizia que o grande motivo da vida dele eram os filhos. Lembro quando éramos pequenos, e ele enfiava o cobertor debaixo do colchão para prendê-lo, porque tinha medo de que a coberta escapasse no meio da noite e passássemos frio: porque a umidade da noite na terra da garoa fazia as madrugadas ficarem mais geladas.

A sorte é que eu e o Alessandro não tínhamos tempo nem espaço para passar frio. Como só tinha uma cama de solteiro para nós dois, eu dormia com a cabeça para um lado e ele para o outro. Aquele calor humano nos salvava dos dias de inverno.

Por essas e outras, nossa ligação era muito forte. Além da cama, dividíamos tudo. Não conhecíamos outra vida que não fosse dividir, e era como se aquele verbo tivesse sido feito para nós. Fazia parte do nosso dia a dia dividir um com o outro.

A minha mãe tinha vindo de uma família baiana com muitos primos, mas foi uma das primeiras que veio para São Paulo. Como ela era muito acolhedora, quando vinha um primo da Bahia, geralmente ele ficava no "cômodo e cozinha" conosco. Aí vinha outra prima e também se hospedava por lá.

Foi vendo essa alma caridosa que crescemos. Era dia após dia que víamos o cuidado que ela tinha com todo mundo, mesmo quando parecia estar apenas concentrada no trabalho. Era em todos nós que ela pensava quando levantava cedo e ligava a máquina de costura.

Quando sobrava tempo – e isso era raro de ver – ela costurava as nossas roupas, que passavam pela mão dos quatro filhos sem nenhum estrago.

Por isso, além de defender um ao outro com unhas e dentes, aprendíamos a dividir tanto os medos quanto as conquistas. Crescer numa família numerosa possibilita que o carinho se multiplique. Essa blindagem natural viraria nosso cerne e um valor forte que carregaríamos para a vida toda.

A personalidade de cada um de nós se formava conforme o passar do tempo. Ao mesmo tempo, continuávamos ouvindo minha mãe dizer "se não deu certo é porque ainda não chegou a hora, mas vai dar certo".

Eu via Dona Adelaide como uma mulher incansável e a admirava por isso. Sempre que entregava as costuras dela para a confecção, eu sabia que estava se esforçando por nós. Éramos os grandes motivos da vida dela, e ela fazia questão de deixar isso claro: fazia porque merecíamos o melhor.

Nessas horas, eu conseguia enxergar dentro dela um brilho incomum e uma vontade de vencer que até então só tinha visto nas histórias em quadrinhos.

Ao mesmo tempo, meu pai me mostrava que trabalho árduo, honestidade, dignidade, amor e união eram o conjunto perfeito de coisas que nos faziam crescer. Ele repetia constantemente: "Nada que tem valor é fácil, nada que tem valor é fácil. E não precisa ser fácil e não está escrito que vai ser fácil, basta que valha a pena, o resultado tem que valer a pena".

Se meus pais eram meus heróis na vida real, nessa época eu vivia mergulhado em gibis para me inspirar em personagens que eu acreditava terem poderes especiais. Os meus seis heróis eram o Capitão América, o Homem de Ferro, o Thor, o Wolverine, o Hulk e o Homem-Aranha. Como eu andava com a minha mãe pelo centro de São Paulo, quando ela ia entregar suas costuras no Brás, ela acabava comprando as revistas em quadrinhos, quando estávamos por lá.

Eu comecei com Turma da Mônica, mas minha grande paixão foi quando eu comecei a ler Marvel. Eu tinha coleções e coleções e cheguei a ter quase 5 mil gibis.

A minha conexão com Deus começou através de homens que eram os heróis da Bíblia. Eu via uns livros ilustrados de heróis da Bíblia e passei a entender melhor quem eram os grandes heróis: Deus e Jesus Cristo.

Eu lia a história de Davi contra o Golias e pensava: "Meu, esse Davi é sensacional". Esses heróis me inspiravam a acreditar que tudo era possível. Fora dos quadrinhos, meus pais continuavam sendo meus heróis de carne e osso. Eram eles que enfrentavam as dificuldades do dia a dia.

Quando comecei a ler sobre Jesus, achei que ele era um cara mágico e incrível e isso fez com que eu me conectasse a ele. Era com as palavras de Jesus que eu entendia alguns valores e conseguia discernir muito rápido o certo do errado, já que via vários conhecidos da rua sendo levados pelas drogas, quando morávamos num lugar mais barra-pesada.

Foi assim que aprendi que sempre tínhamos outra escolha. Eu aprendia que em toda situação na vida eu sempre teria uma outra escolha. Isso se aplica a qualquer momento da vida. Você sempre tem escolhas.

A fé começou a se mostrar presente em minha vida, e eu passei a entender que não éramos tão simples assim. Hoje eu sei que a vida não pode ser só esse hiato de 70 anos, 80 anos, não. Acredito que o ser humano seja muito mais especial que isso. Na época, eu já tinha esse discernimento.

Me lembro que minha mãe dizia para mim sempre que estávamos juntos: "A vida vai te dar tantas possibilidades, Deus na sua infinita bondade vai te colocar tantas possibilidades, que basta você escolher direito, basta você escolher direito". E ela era movida por essas escolhas.

Em alguns momentos, decidia investir em seu negócio e colocava todo dinheiro que tinha para comprar máquinas de costura e botar gente para trabalhar junto com ela. Botava máquina de overloque, máquina de ziguezague, máquina de costura reta... Tinha umas cinco máquinas no fundo de casa, onde entregava uma quantidade enorme de vestidos e passava o dia todo trabalhando. Como tinha aprendido o ofício aos 10 anos de idade, sabia que ela poderia criar os filhos costurando.

Como ela repetia que sempre havia uma escolha, ela também escolhia sonhar mais alto. Desse jeito, começava a vender produtos e me arrastava junto com ela.

Quando chegávamos em casa, preparava o tal macarrão com frango e corríamos para a mesa pra esperar a comida. Como ela era justa, a divisão entre os irmãos era sempre igual, mesmo que uns comessem mais do que os outros.

Geralmente, tínhamos uma ou duas almôndegas para cada um, e eu deixava a almôndega de lado para comer no final porque sabia

que era a parte mais gostosa da refeição, só que o Alessandro, meu irmão mais novo, comia muito pouco, devorava a almôndega dele e não comia o resto do prato.

Até que, um dia, ele comeu a almôndega dele e de repente enfiou o garfo na minha. Quando ele colocou na boca, eu senti o gosto do desespero. Era justo a minha parte favorita da comida. Comecei a chorar:

– Mãe... ele pegou minha almôndega.

Minha mãe olhou para nós dois com uma expressão séria.

– Alessandro – ela disse com as veias saltando da testa e olhando no fundo dos olhos dele –, abre a boca.

Ele abriu a boca e eu nunca mais esqueci aquela cena. Minha mãe enfiou a mão na boca dele e disse:

– Você não vai comer, nem pegar nada que não é seu. Isso é do seu irmão.

Talvez ela não soubesse exatamente o que era educação, mas aquele ato ficaria marcado para sempre na nossa memória. Se nenhum de nós foi capaz de pegar nada que era do outro, respeitando que cada um tinha o que era seu, esse ensinamento foi dado durante os almoços onde essas cenas aparentemente corriqueiras aconteciam em nossa família.

Apesar de rígida com os filhos, com quem tinha uma preocupação excessiva de educar com integridade, minha mãe tinha uma generosidade que fazia dela alguém que não deixava ninguém na mão.

Naquela casa, mesmo que a almôndega fosse contada, sempre tinha comida e cama para mais um.

Foi assim que a Anita, irmã mais nova dela, foi parar lá. Ela era dez anos mais velha do que eu e minha mãe a criava como filha. Tia Anita teve um papel muito importante na nossa história, porque ela ajudava na nossa criação. Enquanto minha mãe trabalhava sem descanso, era ela quem cuidava da gente.

Às sextas-feiras me lembro de que a Anita fazia uma limpeza geral na casa e colocava todas as crianças para fora. Muitas vezes voltávamos para casa lá pelas 6 horas da tarde e não estava terminada a limpeza, então chamávamos o Pretinho, nosso vira-lata, e nos aconchegávamos na barriga dele num cochilo gostoso até ela abrir a porta.

Numa dessas vezes, me lembro de um episódio curioso. Ela tinha acabado de fazer limpeza. Fui tomar banho, peguei uma latinha de tinta a óleo preta e pensei: "Vou arrumar meu estojo". Fiquei ali pintando meu estojo até o Alessandro chegar e pegar um pincel. Começamos a pintar o estojo juntos.

Num segundo, entrou o Leandro, que era o menor dos três. Ele enfiou a mão na tinta a óleo preta e começou a passar no cabelo. Achamos engraçado e começamos a pintar o Leandro. Só que pintamos o banheiro inteiro junto.

Nesse dia, quando a Anita deixou o bolo de cenoura descansando no forno e foi ver do que as crianças riam no banheiro, ela abriu a porta, sentou no chão e começou a chorar. Foi naquele dia que minha mãe, quando chegou do trabalho, deu a maior bronca que já recebemos em nossa vida. Arrisco dizer que nosso bumbum ficou tão doído que nunca mais pintamos nada a óleo.

FAÇAM TUDO COM AMOR.

1 CORÍNTIOS 16:14

Eu já acompanhava o trabalho dos meus pais desde o início, e as entregas ao lado de minha mãe começavam a ser cada vez mais constantes. Costumo dizer que, na época em que eu os ajudava, Deus colocava uma chave em meu coração. Nesse período, meus pais começavam a fazer treinamentos e era cada vez mais comum acompanhar os dois nas atividades de venda direta.

No dia em que terminei o ginásio, aos 14 anos, meu pai me abraçou e disse: "Parabéns. Agora você vai procurar emprego". Eu sou da época em que, além de poder trabalhar cedo, o jovem saía para procurar emprego e o encontrava imediatamente. Todos os meus amigos saíam para procurar emprego e achavam. Nessa época, eu fui trabalhar em uma seguradora chamada Porto Seguro, como office boy.

Éramos 20 moleques e um sujeito que comandava a rapaziada. Esse cara, que hoje me escapa o nome, chamávamos carinhosamente de Leôncio, já que era idêntico a uma morsa, como o personagem do saudoso Pica-Pau.

Eu trabalhava na expedição e dividíamos a cidade de São Paulo em setores. O meu setor se chamava Paulista 1415. Era na avenida Paulista, entre o trecho que ia da rua da Consolação até o prédio

da Federação das Indústrias do Estado de São Paulo, a Fiesp. Meu trabalho era passar pelas corretoras e recolher as propostas de seguro para depois levar de volta.

Morávamos num sobrado, e na parte de dentro da casa dormiam as mulheres. Na parte de fora, onde minha mãe fez uma edícula nos fundos, dormíamos, eu, o Alessandro, o Leandro e o Emerson, meu tio.

Nessa época minha avó, Dona Aparecida, também morava na mesma casa e era ela quem me acordava para eu me trocar, todos os dias, impreterivelmente às 5 e meia da manhã, quando eu tinha que me preparar para ir ao trabalho. Ainda posso sentir o cheiro do café da manhã que ela fazia todos os dias. Toda manhã na hora que descia do meu quarto, pronto para ir trabalhar, o café da manhã, que era um simples café com leite e um pedaço de pão, já estava à mesa, mas mesmo simples, até hoje o café da manhã é a refeição que mais toca meu coração.

Meu tio era um sujeito temperamental que tinha tudo para ser jogador profissional. Irmão mais novo do meu pai, ele também tinha sido um dos acolhidos pela família. Apaixonado pelo esporte, ele jogava como ninguém. Por isso, todo mundo apostava na carreira dele. Todo mundo, inclusive eu, porque realmente ele era muito habilidoso. Um dos primeiros aprendizados que tive nessa época foi que habilidade e paixão não eram o suficiente para se chegar onde queria.

Jogando no juniores do Corinthians, ele foi expulso do time depois de uma briga decisiva na qual não soube se posicionar como faria um jogador profissional. Quando alguém falou mal do Palmeiras, time dele do coração, ele ficou esquentado e brigou, mesmo jogando pelo Corinthians. Desse dia em diante, ele jogou a carreira para o alto.

Se meu tio não conseguia ter uma postura profissional no trabalho, eu aprendia com o tempo a fazer isso como office boy. Era na seguradora que, de camisa e gravata, eu me sentia importante. Eu chegava, batia o cartão, pegava meu serviço, botava naquela pasta 007 e ia para a rua.

Todo dia, depois que o "Leôncio" distribuía os passes de ônibus, eu fazia a maioria do percurso a pé para economizar o passe que eu

vendia à noite na escola para comprar um lanche. Quando precisava levar um malote no correio, pegava o dinheiro do táxi e ia de ônibus para fazer uma boa economia.

Uma vez, enquanto jogava fliperama na rua São Bento, no centro da cidade, botei a pasta embaixo da perna e fui roubado. Quando vi, o sujeito estava correndo com a pasta cheia de documentos da empresa. Eu saí correndo pela rua São Bento, gritando "pega ladrão, pega ladrão, pega ladrão". Nesse dia, eu dei sorte... vindo no sentido contrário, um colega da Porto Seguro, que era o maior e o mais bravo, pegou a própria pasta, virou para trás e, quando o ladrão passou, deu bem no meio do peito do cara e o derrubou. Celebramos o ato heroico e eu não descuidei mais da minha pasta.

Os aprendizados na adolescência e juventude iam me preparando para o grande desafio que seria a idade adulta. Mas antes de ter qualquer perspectiva de vida em relação à Porto Seguro ou à Hinode, meu grande sonho era ser piloto de avião. Eu queria voar.

Eu trabalhava na Porto Seguro e aos sábados ia para o Glicério fazer um curso preparatório para entrar na Escola Preparatória de Cadetes do Ar, a EPCAR, da Aeronáutica. Eu queria ser piloto e a minha única chance, já que eu não podia pagar um curso de especialização, era ser piloto da Aeronáutica.

Eu adorava estudar e era muito aplicado nos estudos, por isso, estudei muito.

Fiz o exame da EPCAR ao lado de um colega que era muito lento. Depois da prova, vi que tinha feito 58 pontos. O meu amigo, que era mais lento que eu, fez uns 40 pontos. Eu não queria desanimá-lo, mas disse: "Fabião, dançou. Sinto muito, vai ter que estudar mais um pouquinho, no ano que vem você tenta de novo".

O que aconteceu foi justamente o contrário. O Fábio entrou, e eu não entrei. Nesse dia, vi que o sistema não avaliava o mérito. O Fábio era filho de um sujeito importante da Aeronáutica.

Meu sonho de ser piloto virou fumaça e eu senti que se a justiça imperava dentro da minha casa, fora dela o mundo não era assim tão colorido.

Mesmo assim, em casa a justiça reinava como sempre. Além do episódio da almôndega, um outro que ficou marcado como tatuagem na pele e foi responsável pelo homem que sou hoje deixou

bem claro os valores que nossa mãe carregava com mais força do que empregava para carregar suas sacolas com produtos.

Nessa época, eu tinha uma conta salário no banco. Com a conta salário, que por si só já era uma coisa inédita, ganhei um cartão instantâneo preto com um raio amarelo que parecia muito com a roupa dos super-heróis de que eu gostava.

Eu andava com ele para cima e para baixo e entrava todo santo dia na agência só para consultar o meu saldo.

Num dia em que eu tinha acabado de sair do trabalho e estava a caminho de casa, passei no banco. Nessa época, meu salário era equivalente a 1.600 reais, mas quando a tela entrou, os números eram bem diferentes. O saldo era de 8 mil reais e eu pensei: "Estou rico".

Como eu era um bom funcionário, achei logo que tinha ganhado uma bonificação qualquer: "Fiz um bom trabalho, os caras me deram uma recompensa!!". Com o sorriso de orelha a orelha, não tive dúvida: fui até o caixa e saquei todo o dinheiro. Como era uma época de inflação, o volume do dinheiro era muito grande e com aquele monte de notas eu me sentia milionário.

Coloquei nos bolsos, na meia e em todos os lugares e entrei no ônibus em direção à nossa casa. Só que o ônibus passava por Santana e era época do New Wave... e quem sobreviveu aos anos 1980 sabe bem do que eu estou falando. Roupas da cor verde limão, laranja... os meninos usavam cabelo espetado, ouviam rock nacional e usavam suas calças da Ocean Pacific de elástico com o tênis Rainha e um boné descolado.

Ao invés de ir direto para casa eu parei numa loja de roupas. Vi uma prancha de morey boogie e comprei mesmo sem ter nenhuma intenção de ir para a praia. Perto do caixa, encontrei uma carteira e também levei. Meu raciocínio era muito lógico na época: eu tinha 15 anos e se o dinheiro estava na minha conta, era meu.

Fui para casa com as compras e a prancha debaixo do braço. Assim que eu entrei em casa, a Dona Adelaide levantou a sobrancelha e me perguntou:

– O que é isso?

Eu respondi sem pestanejar:

– É uma prancha de morey boogie.

Ela continuou com a mesma expressão:

– Tá, eu tô vendo que é uma prancha de morey boogie, mas de quem é?

Empolgado, respondi:

– Minha, minha... lógico que é minha.

Ela respirou fundo:

– Ah, é? Como é que você comprou?

Sem pensar duas vezes, respondi que tinha comprado com o meu dinheiro.

Ela foi se aproximando como uma raposa. Passos lentos e ritmados. Hoje eu consigo perceber que ela estava pensando nas palavras certas, mas naquele dia eu achava que ela estava impressionada com a qualidade do trabalho que eu tinha desempenhado para ter tido um aumento.

– Você não está na época de receber...

Eu abri um sorriso e expliquei para ela:

– Mãe, sabe o que que é...

Abri os bolsos e mostrei a ela todas as notas. Tirava as notas da meia, dos bolsos, e os olhos dela ficaram arregalados com uma expressão de horror.

– É que eu entrei na agência para ver meu saldo e tinha esse monte de dinheiro na minha conta, aí eu saquei.

Ela esperou que eu contasse toda a história e me fez sentar numa cadeira para me explicar. Diferentemente do dia em que nos colocou de castigo por ter pintado todo o banheiro com tinta a óleo, naquele instante ela foi carinhosa e compreensiva. Ela entendia que eu não tinha feito por maldade, mas sabia que precisava me ensinar o que era certo e o que era errado.

– Filho... esse dinheiro não é seu...

Eu tentava explicar a ela que se estava na minha conta era meu, dando uma série de motivos para que isso pudesse ter acontecido. Enquanto eu falava, ela segurava na minha mão:

– Olha só, eles erraram... deve ter acontecido alguma coisa e colocaram esse dinheiro na sua conta por engano.

Eu insistia que não.

– Mãe, mas tá na minha conta, mãe, como que não é meu? Me explica isso, qual é a lógica disso? Se tá na minha conta...

– Filho, erraram.

Até hoje eu sei que a Dona Adelaide sempre conseguiu o que quis, mas nunca fez nada que não fosse correto. Por isso, naquele dia, mesmo com quatro filhos, uma casa para cuidar com dois cunhados e uma avó e comida contada, ela não se iludiu com o dinheiro extra que tinha surgido repentinamente na conta do filho. Para ela era evidente que eu precisava devolver aquele dinheiro.

– Você vai no banco amanhã devolver todo o dinheiro.

Eu olhava para prancha, para a calça e para a carteira, pensava na infinidade de coisas que podia comprar com aquele dinheiro e tinha vontade de chorar. Mesmo assim, fiz o que ela mandou. No dia seguinte, com o coração em frangalhos, fui até o banco e depositei o dinheiro de volta na minha conta. Só que, mesmo depositando de volta ninguém estornou aquela quantia, então todos os dias quando eu entrava na agência eu ia até o caixa consultar o saldo e lá estava todo aquele dinheiro.

Depois de um mês, cheguei em casa e chamei minha mãe para conversar. A minha intenção era que ela entendesse que aquele dinheiro era meu. Mesmo que eu não tivesse certeza disso.

– Mãe... o dinheiro tá lá ainda.

Sem nem olhar para mim, ela respondeu:

– Mas não é seu.

Eu sabia que aquela discussão ia longe.

– Mas, mãe, ninguém quer esse dinheiro. Ninguém vai notar se eu tirar.

Era como se ela estivesse trabalhando meu espírito. Cada dia que eu entrava na agência e via aquela quantia, sentia um aperto no peito e vontade de sacar.

Só que, depois de três meses, o dinheiro foi resgatado pelo banco. Certamente notaram que tinha havido um erro e que aquela grana não era minha. Paguei a calça, a carteira e a prancha com o salário dos meses seguintes.

DEUS SABE O QUE É BOM PARA VOCÊ.

ECLESIASTES 6:12

Três anos depois do dia em que comecei a trabalhar como office boy, veio uma ligação. Antes dela, as coisas pareciam estar caminhando rumo ao sucesso. Eu finalmente tinha sido promovido. Como nosso chefe gostava muito do meu trabalho – eu chegava no horário e fazia sempre mais do que era preciso – viria a ser auxiliar de escritório.

Aquele foi meu primeiro cargo de liderança. A única grande diferença era que eu não ia mais sair para a rua para fazer entregas, ia trabalhar na própria expedição e distribuir serviço nas caixinhas dentro da empresa. Eu não tinha muita ideia de como seria meu futuro, mas sabia que já estava melhorando de vida, quando eu recebi a ligação do meu pai:

– Preciso que você peça a conta – ele disse.

Eu respirei fundo e me enchi de coragem:

– Que história é essa, pai? Tô na Porto Seguro, a maior empresa seguradora do Brasil. Como vou pedir a conta?

– Você vai pedir a conta. Vamos começar nosso negócio.

Eu tinha acabado de ser promovido, pagava minhas contas e estava satisfeito onde estava.

– Você vai me pagar quanto? – perguntei.

— Nada – foi a resposta dele.
— Como "nada"?
— Não vou te pagar nada – ele repetiu.

Eu resolvi que diria não para ele. Afinal, não ia largar meu cargo de liderança recém-conquistado.

— Eu não vou.

Naquele momento, fez-se um silêncio. Eu podia ouvir a respiração dele, mas não sua voz. Quando ele finalmente disse algo, foi categórico:

— Sandro, eu não estou pedindo. Estou mandando.

Dei uma risadinha amarela, enquanto o meu chefe me olhava com rabo de olho.

— Já que o senhor pediu com esse jeitinho... eu tô dentro.

No mesmo dia, pedi as contas e avisei ao pessoal que ia trabalhar no negócio do meu pai. O negócio do meu pai era o seguinte: uma empresa na garagem de casa.

Em meados de 1983, minha mãe tinha começado a trabalhar na Brazilian Way, empresa de cosméticos onde revendia produtos. Meu pai tinha deixado de fazer hora extra para trabalhar com ela, e eu confesso que minha mãe não era exatamente o tipo de pessoa que jogava para perder.

Dona Adelaide era uma figura que nunca entrava em campo para sair derrotada. Com essa força, ela trazia as pessoas para nossa garagem e as treinava. Como ganhava comissão, mesmo sem gostar muito de vendas no início, sentia que podia mudar de vida através daquele negócio e apostou todas as suas fichas nele.

Eles tinham formado uma equipe poderosa na Brazilian Way, que chegava a representar 70% do negócio. A meta do meu pai era clara: "Se eu ganhar três vezes mais que ganho como torneiro mecânico, eu saio e faço isso com você". O nome da equipe deles era Sol Nascente.

Depois de quatro anos de muito trabalho, o dono da empresa os surpreendeu. Disse que ia criar gado e fechar a empresa. Nesse período, meu pai enfrentou o deserto dele e ficou um ano pensando em como resolver aquela situação.

Até que Deus enviou um anjo na vida da minha mãe. Não sei se você acredita nisso, mas eu acredito que às vezes certas pessoas

chegam na nossa vida para trazer boas-novas. Esse anjo veio na forma de uma amiga que disse: "Adelaide, monta uma companhia".

Minha mãe, que achava que só sabia vender produtos e construir equipe de vendas na garagem de casa, disse que não entendia de montar empresa: "E eu lá entendo de montar empresa? Eu sei fazer treinamento. Não sei montar equipe".

Nesse momento, a paixão falou mais alto, e Dona Adelaide começou a companhia. O grande dia em que ela "queimou a ponte" foi quando resolveu vender as máquinas que usava para costurar e eram grande parte do nosso ganha-pão. Ela vendeu para comprar um Fusca cor de tomate e conseguir fazer as entregas de produtos. Na cabeça dela, sem plano B para recorrer, ela apostaria todas as fichas no plano A. Como gostava muito da disciplina, da força e do foco dos japoneses, Dona Adelaide perguntou, certo dia: "Como digo Sol Nascente em japonês?".

A resposta era HINODE.

Tenho certeza de que, quando entrei na garagem dos meus pais e comecei a ajudá-los, Deus virou a chave que tinha colocado no meu coração. Eu me dei conta de que era aquilo que queria fazer na minha vida.

Eu tinha uma crença absurda que a Hinode seria uma grande empresa. O nome por si só já tinha uma magia. Hinode significava o "primeiro raio de sol do dia primeiro de janeiro". Era naquele momento que o povo japonês se reunia para fazer suas orações, agradecer o ano que passou e pedir bênção para o ano que estava chegando. Hinode é o primeiro raio de sol do ano, porque o Japão é a terra do sol nascente.

Eu sabia que aquele raio de sol que brilhava nos olhos dos meus pais iluminaria todos nós e seria capaz de iluminar toda a Terra um pouco mais tarde.

Quando eu comecei a ajudá-los, fazia absolutamente tudo. Envasava produto de manhã, separava pedido à tarde e fazia entrega à noite. Vivia carregando saco de produto nas costas para fazer entrega e era durante as entregas que eu aprendia a dirigir.

Ali, entendi que o tal porto seguro era mesmo dentro da minha casa, onde mesmo sem nenhuma segurança de que aquilo podia dar certo, todo mundo trabalhava com vontade de fazer dar certo de verdade.

Só que no primeiro ano a nossa vida não foi exatamente uma maravilha. Pegávamos 20 litros de xampu, 10 litros de perfume, colocávamos numa espécie de mamadeira e lacrávamos com o alicate. Tinha dias que eu ia para o meu quarto sem conseguir fechar a mão com tantos calos por conta do esforço.

Montar e gerir uma empresa não era tarefa fácil. Na época tínhamos uma inflação galopante e havia dias em que meu pai não encontrava embalagem e garrafinha para encher um dos produtos, o Doutorzinho. Mesmo nos dias difíceis, ele sempre dizia: "Filho, Deus está sempre no comando. Deus está sempre do meu lado".

Nesse dia, uma espécie de milagre, daqueles que nem sabíamos direito como podia ter acontecido, aconteceu. Meu pai dirigia por São Paulo pensando no que fazer para arranjar embalagens, quando apareceu um caminhão cheio de produtos à frente dele, de onde um saco se soltou praticamente sozinho, bem diante dos olhos dele.

Ele olhou aquele saco cheio de produtos e viu que era exatamente do que precisávamos: frascos vazios iguais aos que estavam em falta. Só que, se a minha mãe era uma mulher com o atributo inestimável da honestidade, meu pai fortalecia seu espírito através da paciência e resignação. Mesmo diante do saco de produtos de que precisava, ele pegou o saco e correu atrás do motorista para devolvê-lo.

Como tinha visto o endereço da fábrica, foi até lá. Entrou na fábrica e contou o que o levava até ali.

– Eu tô precisando de frascos – disse, quando encontrou o responsável pela empresa.

– Quantos? – perguntou o sujeito.

– Uns quinhentos.

A resposta foi uma sonora gargalhada e logo depois ele disse:

– Você tá louco? Infelizmente não dá. Pra colocar esse molde na máquina, eu preciso de vinte mil peças.

Meu pai respondeu que não podia pagar tudo aquilo e saiu dali inconformado. Por algum motivo, aquele homem tinha sido tocado. Meu pai diz que o anjo dele deve ter conversado com alguém. Quem conhece a história, sabe que aquele homem viria a se tornar o primeiro gerente da história da Hinode.

– Ei... Senhor Francisco... espera...

Ele tinha uns frascos por lá e resolveu ajudar meu pai. Quando seu Francisco chegou em casa com a notícia, todo mundo comemorou. Minha mãe, apesar de toda dificuldade, dizia, confiante: "Vai dar tudo certo. Não tem outro jeito".

Quando eu olhava a força que ela tirava de dentro para inspirar a gente, entendia que a decisão estava em nossas mãos. E eu era um cara ensinável e disciplinado para absorver mais que os valores que eles traziam.

Foi com eles que entendi que aqueles super-heróis dos quadrinhos podiam ser de carne e osso e todos nós poderíamos criar nossa própria história com os poderes e as habilidades de cada um.

Hoje sei que, para você ter sucesso, precisa amar aquilo que faz. E não estou falando necessariamente de dinheiro.

Aquele menino que queria ser piloto de avião porque queria aprender a voar e colecionava gibis para conseguir encontrar o segredo dos heróis da história em quadrinhos começava a entender tudo que era preciso para se tornar um membro da Liga dos Super-Heróis de carne e osso.

Eu sabia que podia voar, mesmo sem pilotar um avião.

Com aquela chave virada dentro do meu coração, eu só tinha uma certeza: ia deixar que Deus se preocupasse com meu futuro. Já tinha entendido que Ele era muito mais capaz do que eu, mas sabia exatamente o que eu deveria fazer para chegar onde queria.

TEMPO DE PROCURAR E TEMPO DE DESISTIR, TEMPO DE GUARDAR E TEMPO DE JOGAR FORA, TEMPO DE RASGAR E TEMPO DE COSTURAR, TEMPO DE CALAR E TEMPO DE FALAR, TEMPO DE AMAR E TEMPO DE ODIAR, TEMPO DE LUTAR E TEMPO DE VIVER EM **PAZ**.

ECLESIASTES 3:6-8

Se hoje sei o quanto é importante se importar com os outros, devo isso aos meus pais e aos mentores que elenquei, escolhi e encontrei ao longo da vida.

Se hoje sei pensar com o coração, é porque cresci cercado de um pai e uma mãe que não desistiam diante de dificuldades e que nos transmitiam valores dia após dia, sobretudo quando não tínhamos condições.

Se hoje criei um vínculo emocional com a empresa e com toda a família Hinode, é porque ao longo do tempo criamos uma Companhia onde existe uma relação de confiança mútua e onde as pessoas depositam esperança.

Tudo que construímos foi através de atitudes sólidas, muitas vezes contrariando o senso comum e desde o começo sempre tivemos o compromisso sincero de acreditar nas pessoas. Isso jamais se alterou.

Foi na escola EMPG Professor Marcos Melega, no Lauzane Paulista, zona norte de São Paulo, que encontrei alguns dos mentores que me inspirariam durante toda a minha vida. Naquela época a relação aluno-professor era de muito respeito, os alunos valoriza-

vam o papel do professor e tinham por ele a mesma reverência que tinham pelos pais. Apesar de estudar na Escola Municipal, que hoje é vista com maus olhos, eu tinha professores que me elevariam acima da média. Dentre eles, a Dona Ana Sueli.

Professora de Ciências, ela era extremamente exigente e nos fazia acreditar na nossa capacidade de ir adiante. Dedicada, ela nos enxergava como iguais e fazia com que acreditássemos em sonhos.

A Dona Ana Sueli tirava todos os filtros de raça, credo, cor e posição social e nos via como seres humanos iguais. Mesmo eu, que vinha de uma condição mais humilde, não era visto como um coitado. Isso fortalecia nossa autoestima sem que pudéssemos perceber.

Era através dos olhos dela que acreditávamos que podíamos contribuir com nós mesmos, com nossa família e com o mundo. Mesmo com nosso esforço diário, ela sempre nos desafiava quando dizia: "Você pode mais".

Na época, sendo o mais velho dos quatro irmãos, eu me cobrava mais do que os outros. Mas ainda não acreditava tanto assim que podia.

Na escola, também aprendíamos o poder da disciplina com a Dona Antônia, uma diretora pragmática que estava sempre convicta de que tudo que fazíamos poderia ser aprimorado com o passar dos dias.

Só que não era nem o Hino Nacional nem as aulas de Ciências que me faziam vibrar com as atividades escolares. O que eu gostava de verdade era dos números.

Todos os dias, assim que chegava na Hinode, eu pegava os pedidos e somava na mão, com a calculadora do meu lado. Minha cabeça girava em torno dos números. Era assim que eu calculava preço, bônus e comissão. Fazer isso na época da hiperinflação era ainda mais complexo e trabalhoso, mas não deixava de ser fascinante.

Como tínhamos cerca de 40 produtos no catálogo, eu revia custos e calculava o novo preço dos produtos todos os meses. Só que, para colocar o preço nas coisas, era preciso saber o valor do trabalho de cada um que fazia parte da família Hinode, que ainda era reduzida na época. Mesmo que eu gostasse de matemática, era a valorização do trabalho humano que fazia com que minha cabe-

ça se conectasse ao coração e observasse o valor das pessoas que estavam ao meu redor.

Certo dia, surgiu um amigo, o José Oscar, que viria a se tornar o primeiro diretor na companhia. O Oscar era aquele tipo de pessoa que via as coisas como eram e dizia "por que não melhorar?", e eu gostava daquele tipo de visão. Após uma breve visita, ele perguntou:

– Que tal um sistema de gestão?

Lembro que devo ter feito uma expressão curiosa, porque, em seguida ele veio com outra pergunta:

– Você não tem um computador?

Não, não tínhamos computadores, nem sonhávamos que um dia comandaríamos tudo a quilômetros de distância através da internet.

Foi desse jeito que comprei nosso primeiro PC-AT. Estávamos em 1989, e a traquitana tecnológica de última geração tinha aproximadamente 10 megabytes de espaço.

Além do computador, comprei alguns disquetes para armazenar nossas informações. Se você tem menos de 20 anos de idade e não faz ideia do que seja um disquete, saiba que o tal disco quadrado, que colocávamos num leitor do computador para guardar informações, era o pen-drive da época. Nesse período, surgiu a primeira nota fiscal impressa, o que era fascinante na época e uma evolução para mim, que passava a ganhar tempo e o usava com outros afazeres.

Depois da aposentadoria das calculadoras manuais, que foram substituídas pelo sistema de gestão que funcionava dentro do computador, entendi que a forma como fazíamos coisas triviais sempre poderiam ser aprimoradas para que o trabalho fluísse. Era assim que eu criava processos para envasar e entregar produtos e começava a provocar mudanças.

Só que ninguém chega a lugar algum sozinho e até mesmo para ter uma linha de produção eu precisava de aliados. A minha Liga da Justiça era cheia de super-heróis de carne e osso.

Essa Liga era composta pelos meus amigos da rua, e eram eles que faziam parte da minha linha de produção. Foi nessa época que a minha amizade com o Guto, que é meu amigo mais antigo e hoje gerente de compra da Hinode, começou. Na maioria das vezes, eu

chegava no meio do futebol entusiasmado e pedia a eles que dessem uma mão.

Ao mesmo tempo, aquele Sandro que tinha virado a chavinha até poderia ser mais maduro que os amigos, mas ainda era um menino e foi esse menino que decidiu ir morar sozinho, mesmo acostumado com gente por todos os cantos da casa.

Assim que manifestei essa vontade, minha mãe foi categórica: "Você quer ir, então vai". Eu fui e precisei quebrar a cara para entender que não era aquilo que eu queria e provavelmente a Dona Adelaide já sabia disso muito antes que eu pegasse as chaves do apartamento onde ficaria morando sozinho durante seis meses.

Só que ela sabia também que de nada adiantaria dizer que meu negócio era estar cercado de pessoas. Eu precisei experimentar morar sozinho durante um tempo para saber que não era o que eu queria.

No entanto, um outro fato isolado, ocorrido no trabalho, acabaria mudando o rumo dos acontecimentos, além de provar que coincidências eram milagres em que Deus preferia não aparecer.

Era 15 de junho de 1989 e a Hinode já estava instalada num predinho de dois andares. Tínhamos um galpão, um escritório e um maquinário com poucas máquinas, mas que já chamávamos de linha de produção.

Naquele dia, eu estava trabalhando na parte de cima, onde ficávamos, eu, o Ivo, um amigo que tinha começado lá quando éramos adolescentes, e mais algumas pessoas do escritório que faziam cobrança, emissão de boleto, entre outras coisas.

Como sou um cara que sempre adorou saborear um bom café, bebia várias doses durante o dia, só que a garrafa de café mais próxima ficava no andar de baixo. O Ivo sempre descia e trazia o café para nós dois.

Até aquele 15 de junho, quando ele disse:

– Sandro, não vou pegar café hoje não, cara.

Eu não era um cara folgado, mas eu e o Ivo tínhamos aquela intimidade que só as amizades duradouras podem proporcionar. Não demorei muito para responder a ele:

– Poxa, Ivo, você vai pegar toda vez, cara. Pega lá o café pra gente, por favor.

Ele estava convicto. Não queria pegar de jeito nenhum.
– Já falei, Sandro... hoje eu não vou pegar...
Me levantei e resolvi descer.
– Tá bom... hoje eu pego, mas só hoje! – avisei, brincando.

Nesse dia, eu cresci. Desci as escadas, encontrei meu pai e o Carlos, que trabalhavam no andar de baixo, e abasteci o copo plástico com uma generosa dose de café. Enquanto o café esfriava, comecei a bater um papo com o meu pai, até que ouvimos um estrondo.

O barulho parecia uma pancada e eu pensei que algo tinha caído no chão. Ficamos os três em silêncio assustados com o impacto e logo ouvimos um segundo barulho forte de algo batendo na laje.

Nesse momento, larguei o café e subi correndo. Assim que pisei no escritório de cima, tudo parecia vermelho. A cor do sangue do Ivo tinha jorrado nas paredes, no chão e principalmente em seu corpo. Caído no chão, ele estava com a roupa toda manchada: era como se sua cabeça tivesse explodido, mas continuasse intacta.

A cena de todo aquele sangue era como se vivêssemos um pesadelo real.

O Ivo tinha sido baleado e o tiro fora disparado por um cidadão que subira procurando o Sandro. Provavelmente, ele faria um assalto, mas não parecia ter a intenção de machucar ninguém, porque estava assustado, quando a arma disparou sem querer e atingiu a boca do Ivo em cheio. Naquele momento, não sabíamos sequer onde a bala estava alojada, mas a necessidade era socorrê-lo imediatamente e levá-lo a um hospital.

Tudo tinha acontecido de forma muito rápida; o tal sujeito tinha entrado pela porta da frente do prédio e subido para o pavimento de cima justo na hora em que desci. Meu coração estava disparado e eu não fiz nenhuma pergunta naquele instante, só peguei o Ivo no colo e desci as escadas em disparada até meu carro.

Eu estava tão nervoso que entrei com ele no banco de trás do carro e o coloquei no meu colo, esquecendo que era eu que precisava dirigir.

Me lembro que a primeira notícia que o médico deu foi que a bala estava alojada na coluna dele e que, se ela saísse do lugar, meu amigo poderia ficar tetraplégico. Eu não sabia se agradecia por saber

que ele estava vivo ou se rezava para a bala não se mover. Eu só sabia que, se não tivesse descido para buscar café, poderia estar morto.

Durante as noites que fiquei no hospital ao lado dele, o médico dizia que ele não podia se mexer, então ele ficava paralisado. Logo, eu, o Eduardo e o Guto nos revezávamos para que ele tivesse companhia.

Foram três meses intermináveis de aflição até o dia da alta do Ivo. Naquele dia, quem fez o pedido para mim foi ele e não era um copo de café.

"Sandro... estou com muito medo de ir para casa. Posso ficar na sua casa por um tempo?". Não hesitei em acolher o Ivo e nem suspeitava que os dias fora do hospital seriam mais tensos do que dentro dele. Apavorado, ele tinha pânico de todo barulho que ouvia e, sem conseguir sair de casa, vivia em estado de tensão e angústia. O medo era tão grande que ele tomava banho de porta aberta para não ficar sozinho dentro do banheiro.

Certas intervenções divinas ninguém explica. Até hoje não sabemos por que naquele 15 de junho ele resolveu não descer para pegar café para mim na fábrica, como fazia todos os dias, nem por que três meses depois, enquanto tomava banho com a porta aberta, um vento forte faria esta mesma porta bater com força. Só que o barulho da porta batendo foi tão alarmante que o coração dele deu um salto, fez com que ele escorregasse e batesse com a cabeça no vaso sanitário. Eu só fiquei sabendo do ocorrido, quando recebi o telefonema da pessoa que trabalhava em casa, dizendo que ele estava delirando de febre e pedindo socorro.

Corri para casa e o levei novamente ao hospital onde encontramos o mesmo neurocirurgião que o encaminhou para um exame. Eu estava aflito porque sabia que a bala não poderia sair do lugar onde estava alojada. Quando o médico saiu da sala e me procurou com a notícia do que tinha acontecido, não consegui evitar as lágrimas.

"A queda fez com que ele batesse a cabeça. A batida fez com que o projétil se deslocasse da coluna para perto da garganta. Isso possibilitou que fizéssemos uma cirurgia simples para retirar o projétil." Daquele dia em diante não tinha como duvidar da existência de Deus. Conforme o médico ia falando, eu relembrava o medo que tínhamos de a bala se mover e ele se tornar tetraplégico, mas

ela tinha se movido justamente para o lado contrário, salvando a vida dele. Isso tinha acontecido graças à batida da porta que o fizera se assustar e cair.

Quando saímos do hospital, mal podíamos acreditar nas coincidências que tinham feito parte das nossas vidas naqueles meses e, embora eu estivesse feliz por estar vivo e ver meu amigo fora de risco, eu ainda estava chocado com a força dos acontecimentos.

Se o Ivo começava a se acalmar, eu começava tardiamente a sofrer os impactos emocionais daquele fatídico dia e estava tão assustado com tudo aquilo que pedi um afastamento da Hinode. Eu precisava de um tempo do dia a dia na fábrica para esquecer o barulho daquele tiro. Por isso, comecei um outro negócio em paralelo que também mexia com a minha audição: uma loja de som automotivo.

Eu era um jovem arrojado, gostava de carros e pedi uma quantia emprestada para a minha mãe para abrir esse negócio que acreditava ser interessante. Na época, ela deve ter me dado uns 10 mil dólares, e eu saí dali cheio de ideias. Não entendia muito sobre sociedade, mas logo tive o primeiro aprendizado: para um negócio, uma situação ou um relacionamento darem certo, você precisa ter as pessoas remando para o mesmo lado.

Aprendi isso diante da experiência com a loja de som. Eu tinha aberto a loja com um sócio cujo comprometimento era totalmente diferente do meu. Enquanto eu chegava cedo e queria trabalhar, ele começava o expediente às 11 da manhã. A loja era na zona norte e apareciam clientes de todos os lados. Vinham pessoas da zona sul e chegamos a ganhar campeonato de som com apenas seis meses de negócio.

Em determinado momento, me deu um clique e percebi que aquilo não ia dar certo. Eu me dedicava 100% e a outra parte não se dedicava com tanta intensidade. Uma das coisas que eu aprendi, quando tomei a decisão de abrir mão da loja, foi que parceria das boas funciona quando os dois estão na mesma pegada. Eu não tinha problema nenhum em pegar o outro na mão e puxar e até seria capaz de fazer isso, mas não conseguia sair de onde estava e ir até as costas do outro para empurrar. Aquilo não funcionava, e ficaríamos os dois no meio do caminho.

Eu já era muito decidido e tinha clareza do que queria e do que não queria. Assim que vendi a minha parte por 23 mil dólares, um ano após o início do negócio, devolvi todo o dinheiro para a minha mãe.

Ela me olhou feliz pelo meu retorno e naquele momento eu não sentia mais medo. A ferida aberta com o episódio com o Ivo já tinha cicatrizado e eu sabia onde era meu lugar.

"Mãe, pai, aqui é meu lugar. Hinode é meu lugar!" Essa frase marcou meu retorno. Mesmo sem nunca ter saído, aquele era o momento de retornar e entrar de cabeça. Era um momento de mudanças.

QUANDO EU ERA **MENINO**, FALAVA COMO MENINO, PENSAVA COMO MENINO E RACIOCINAVA COMO MENINO. QUANDO ME TORNEI **HOMEM**, DEIXEI PARA TRÁS AS COISAS DE MENINO.

1 CORÍNTIOS 13:11

A história da Hinode tem algumas reviravoltas inesperadas que sempre me fizeram crer no poder de Deus guiando nossa mão e nos apontando caminhos possíveis onde menos esperávamos. Eu trabalhava no interior de Goiás, quando percebi que tinha uma certa confusão no hotel onde estava hospedado. Era um burburinho incomum no hall. Mesmo tendo mostrado e vendido plano e produto da Hinode durante o dia todo, fiquei curioso para saber o que estaria acontecendo.

Fui até a recepção, atento à movimentação, e perguntei o que aquelas pessoas estavam fazendo ali: "Ah, uma empresa vai fazer uma reunião aqui", respondeu a recepcionista.

Ninguém sabia dizer qual era o nome da empresa, mas insisti em perguntar a algumas pessoas que estavam ali e uma delas me mostrou um papel onde estava escrito "Amway". Ali, em meados de 1991, nasceria meu primeiro contato com o marketing multinível. Subi para o quarto e decidi que, já que estava ali, tomaria um banho e em seguida desceria para ver o que estava acontecendo.

Como eu sempre fui muito curioso de aprender e buscar entender o que não sabia, aquilo me chamou a atenção, porque, quando

eu fazia reunião para minha equipe de vendas, tínhamos lotação máxima com 10 pessoas. Naquela reunião havia mais de 100 pessoas.

Minha cabeça e meu coração diziam que havia algo acontecendo naquela sala. Eu observava as pessoas e continuava sem entender o que as motivava a estar ali. Sem celular ou Google, que nem existiam na época, eu precisava fazer um longo processo investigativo para descobrir alguma coisa.

Precisava tatear tudo e conversar com os envolvidos, reunindo minhas próprias percepções. Só que era um negócio novo, que ninguém conhecia, e tudo que é novo causa um certo receio. Eu via que era algo arrojado, disruptivo e muito diferente daquilo que estávamos acostumados a fazer na venda direta. Confesso que daquele dia em diante era como se uma semente começasse a germinar dentro de mim. Se eu tinha o grande sonho de tornar a Hinode uma empresa maior, eu precisava mais do que autoconfiança pura e simples. Eu precisava reinventar uma indústria que já estava acostumada demais com o velho modelo a ser seguido.

Farejando mudanças, via um prato cheio: uma visão completamente nova de negócio, americana, criada em um país de cultura empreendedora, começando no Brasil, um país que ainda tinha a cultura do emprego, que era fazer o mínimo por um salário no fim do mês.

Mesmo sem entender muito bem o que a Amway fazia, eu estava mexido. Tinha a crença de que a Hinode seria uma grande companhia onde construiríamos algo que teria muito significado na vida de muitos, porque desde o primeiro dia essa tinha sido a grande missão da empresa: oferecer às pessoas oportunidade para elas mudarem de vida, por meio da venda de produtos de altíssima qualidade para um consumidor extremamente exigente através da construção da equipe de vendas. Queríamos causar impacto e fazer com que as pessoas progredissem.

Eu não sabia se meus planos de crescimento eram viáveis, mas passei a buscar algo diferenciado para a Hinode, movimentando todas as áreas. Trabalhei no desenvolvimento de produto, contratei a primeira agência de design de produto, comecei a criar anúncios de revista, participar de feira do setor, exposições, e buscar enxergar um futuro diferente para a Hinode. Não conseguia prever quais seriam as mudanças estratégicas que teríamos que adotar,

mas via um sentido naquilo tudo se modelando para criar algo novo. Eu mantinha um vigor e entusiasmo dia após dia, enquanto meu espírito empreendedor buscava farejar onde seriam feitas as maiores transformações.

Foi assim que comecei a testar modelos sem nunca esconder nada da minha equipe, tanto a de vendas – que são os nossos líderes de venda – como os nossos funcionários. Eu sabia que não poderia esconder nada, por isso sempre dividia tudo com eles, e dessa forma a confiança ia sendo cada vez mais fortalecida e o vínculo que era estabelecido tornava-se ainda mais genuíno.

Ao aprender a exercer a liderança, eu criava uma cumplicidade muito forte com todos. Defendíamos a mesma ideia, sabíamos das mesmas coisas e eu dividia a nossa estratégia, coisa que se tornou a pedra angular do negócio. Um dos nossos segredos do sucesso acabou sendo exatamente esse: ter essa parceria sólida fazia a Hinode se tornar uma verdadeira família.

Dentre todas as tentativas, eu passei a tentar fazer uma operação piloto de mononível. Eu tentava insistentemente ser uma Natura e uma Avon, que eram as grandes companhias do setor. Evidente que isso não deu certo. Diferentemente daquelas marcas, nós éramos uma empresa de revenda e equipe de venda, o nosso DNA ia além de vender produto e construir equipe de venda. Nós construíamos redes de consultores e ainda não sabíamos que isso era de marketing multinível, mas já fazíamos.

Montar uma estratégia de mononível era diferente, já que daquela forma não existia a construção de equipe de venda, toda a liderança de venda era uma força de venda contratada, então, esse gerente recrutava outros revendedores.

Mas a Hinode nunca teve gerente de venda, sempre tivemos pessoas recrutando pessoas. Era muito difícil entender aquelas questões de setorização. O mononível na época setorizava o Brasil e pressupunha uma área fechada de atuação. Dessa forma, os gerentes tinham acesso limitado aos locais, como os office boys tinham na Porto Seguro, quando ficavam responsáveis por um setor de cobertura.

Eu sabia que não estava mais na Porto trabalhando com uma área predeterminada, nem na Paulista 1415. Eu queria ter espaço

ilimitado para trabalhar e ensinar as pessoas a construir suas redes e mudar de vida, independentemente do local onde estivessem.

Foi justo nesse período que montamos distribuidores pessoa jurídica, que eram distribuidores locais em determinados pontos do Brasil e que faziam a distribuição para vendedoras da região.

O sucesso foi relativo, já que sofremos um enorme problema chamado inadimplência, quando eles começaram a não nos pagar pelos produtos. Muitos davam prazo para o vendedor, o vendedor não pagava e dessa forma não tinham dinheiro. Outros porque realmente usavam o dinheiro de forma errada. Aquilo nos consumia e nos trazia grandes lições. Uma delas foi durante uma viagem que fiz com minha mãe para o Nordeste.

Tínhamos três distribuidores em Maceió, e o principal deles era um homem que não atrasava o pagamento nem por um dia. Por outro lado, eu tinha uma outra distribuidora chamada Maria, que nos dava um trabalho enorme em pagar. Eu e minha mãe fomos visitar de carro a região desses distribuidores. Enfrentamos chuva, buraco na estrada, pneu furado. Era uma jornada que parecia não acabar nunca e, à medida que chegávamos numa cidade, fazíamos as reuniões que tínhamos que fazer e partíamos na manhã seguinte.

Assim que chegamos em Maceió, fomos direto para o distribuidor. Ele olhou para mim e minha mãe com um ar de quem acha que sabe das coisas e perguntou:

– Vocês estão com problema com a Maria, né?

Eu e minha mãe nos entreolhamos. Como sempre fomos muito transparentes, porque queríamos fortalecer o laço com as pessoas para que todos tivessem clareza uns com os outros e se tratassem como uma família, respondemos:

– É, ela está com dificuldade...

Ele sabia que era um bom pagador e um bom distribuidor. Notei algo diferente na voz dele, quando virou e disse:

– Eu estou disposto a ajudar a Maria.

Olhei para ele sem entender muito bem de onde vinha aquela predisposição repentina.

– Que ótima notícia. Muito legal!

Ele olhou nos meus olhos e continuou:

– Eu estou disposto a pagar a dívida dela com a Hinode.

A minha mãe, que conservava sua sabedoria e maneira de enxergar através das palavras, perguntou para ver se tinha entendido direito:

– Você quer pagar a dívida dela?

Ele fez sinal afirmativo com a cabeça e continuou:

– É, eu quero pagar a dívida dela. Não tem problema nenhum, eu pago a dívida dela.

Dona Adelaide percebeu algo no ar. O clima parecia ter se modificado e, embora aquela notícia parecesse animadora, existia alguma coisa que precisava ser dita.

– Que legal, se você tem condição de pagar, me ajuda bastante.

Ele logo emendou:

– Mas tem uma condição.

Minha mãe franziu a testa:

– Condição? Qual?

Ele determinou:

– Eu quero que você corte ela da companhia.

A ideia dele era clara: ele queria pagar as dívidas da Maria para ficar com toda a carteira de clientes dela. Minha mãe, que não negociava princípios, não teve dúvida. Com a fala pausada, respondeu a ele:

– Escuta bem o que eu vou te falar. Você é meu principal distribuidor, é o cara que mais compra, é o cara que paga em dia, mas tem uma coisa que você não sabe sobre mim: eu acredito que pessoa não tem preço, pessoa não tem preço.

Ele arregalou os olhos, e ela continuou:

– Eu preciso de você, e mesmo sabendo que você é importante para o meu negócio, eu preciso te dizer uma coisa: ou você retira o que disse ou quem não trabalha mais com você sou eu.

Ele engoliu em seco as palavras, a expressão dele mudou e pediu desculpas.

No retorno da nossa viagem, sabíamos que, por mais que ele fosse um bom pagador e um excelente profissional, alguma coisa tinha se quebrado naquela relação. Não tínhamos como explicar, mas era como um cristal que trincou de repente.

Sabíamos que era imprescindível que todos compartilhassem o sucesso da empresa, mas tínhamos uma conduta clara e princípios, e a Dona Adelaide estava convencida de que sempre podíamos

fazer escolhas baseadas nos princípios, sem ferir ou desrespeitar qualquer pessoa.

Minha mãe me ensinava a usar a cabeça, mas era um exemplo de como se fazia isso usando o coração. Ela tinha uma espécie de bússola que a guiava a tomar as decisões certeiras. Não se tratava de dinheiro. Nunca se tratou. Queríamos uma empresa honesta, respeitosa, que não negociava pessoas. Para a Hinode, os valores estavam acima das metas. Sabíamos da nossa responsabilidade.

O efeito devastador dessa conversa só veio seis meses depois, quando esse distribuidor se afastou da companhia. Milagrosamente, a Maria, que era quem não tinha quitado as dívidas, acabou assumindo a missão de mudar de vida e mudou da água para o vinho, fazendo uma reviravolta na vida dela e se tornando parte da companhia pelos 20 anos que se seguiram.

Dessa experiência ficava a prova de que os valores que eu tinha adquirido na infância eram sólidos o suficiente para se sustentarem na idade adulta. Estar ao lado da minha mãe e observar a maneira como ela conduzia esses conflitos trazia clareza do tipo de relação que eu iria sustentar ao longo da vida e do tipo de pessoas que queríamos que estivessem comungando conosco dentro da família Hinode.

Nos anos que se seguiram, fiz tentativas diversas de mudanças na empresa. Contratei a primeira consultoria em venda direta, participei da nossa primeira feira cosmética no Pavilhão do Anhembi, produzida pela Alcântara Machado, e fiz nosso primeiro stand da Hinode. Foi lá que conheci um cara muito importante na minha história, que se tornaria um dos meus mentores: João Carlos Basílio da Silva, que era presidente da Associação Brasileira da Indústria de Higiene Pessoal, Perfumaria e Cosmética, a Abihpec. Eu tinha 26 anos, já estava casado com a Leila, e por alguma razão houve uma conexão imediata.

Eu, com o desejo de montar um stand bacana, já liderava a companhia naquela época. Tinha assumido definitivamente a liderança corporativa da empresa depois de todos os movimentos que eu tinha feito.

Hoje, observando esse passado, sei que, quando caminhamos seguramente em uma direção e sabemos para onde estamos indo, é como se tudo conspirasse a nosso favor. As pessoas certas iam

surgindo na minha vida e fazendo parte de uma história que acabava de começar. Foi numa tarde qualquer que veio o convite que me surpreendeu e me pegou desprevenido: o João Carlos me convidava a fazer parte da diretoria da Abihpec.

A primeira vez que entrei naquela sala com todos os outros diretores, me senti como um membro de um clã exclusivo e especial. Eu via aquelas empresas incríveis que eu tinha crescido admirando e ficava fascinado por estar entre elas. Eram empresas nacionais e multinacionais de sucesso, e eu nem podia acreditar que estava respirando o mesmo ar dos donos da Boticário e da Natura, empresas que mais admirava, sentado ao lado do vice-presidente da Johnson & Johnson, com o diretor da Procter & Gamble, com o diretor da Lever, com o diretor da Revlon, com o diretor da Wella, da Bozzano. Olhando para aqueles homens e aquelas mulheres incríveis, como Dirce Grotkowski, dona da Payot, ou como o próprio João Carlos Basílio da Silva, que era o presidente dessa história toda, eu sentia que estava cumprindo meu propósito e no caminho certo que levaria a Hinode a um novo patamar.

Eu me espelhava nos profissionais com os quais convivia e aprendia muito nas reuniões. Aprendia sobre gestão, aprendia visão e em cada uma delas eu era confrontado com debates para soluções de desafios. Jovem, eu os via como grandes professores que tinham muito a ensinar e de alguma forma tentava me nutrir daquele convívio próximo.

Aprendia muito sobre raciocínio lógico, sobre a forma de se posicionar corporativamente. Logo, participei ativamente de desafios relacionados à indústria de higiene pessoal, perfumaria e cosmético. Eram desafios muito severos, como por exemplo, a redução da carga tributária de IPI, Imposto sobre Produtos Industrializados, que era muito alta. Tínhamos um perfume com a carga tributária de 77% e fizemos um trabalho muito forte entre todos os diretores atuando para uma redução de carga tributária. Foi com esse empenho dedicado de cada um dos membros do Conselho que reduzimos este tipo de imposto para 20%, 22%.

Eu me orgulhava de estar ali fazendo parte da história. Juntos, passamos por momentos de grandes transformações no setor, como na época em que foram criadas as agências, como a de Vigilância

Sanitária. Nessa época todos os produtos da nossa indústria eram registrados; então, antes de lançar um produto, precisávamos registrá-lo. Sem registro, não poderíamos comercializar os produtos.

O problema disso é que em alguns casos chegava a demorar um ano para liberar um registro para comercialização do produto. Assim, a Abihpec trabalhou muito forte na desburocratização dessa indústria. Dia após dia, criávamos as regras do jogo e dividíamos os produtos em graus I e II. Dessa maneira, precisávamos apenas notificar a Anvisa. Eu encarava essa fase como uma transição entre o Sandro menino e o Sandro que deixava de ser menino, mas continuava um sonhador, estando ao lado de pessoas que caminhavam com segurança na construção de algo inovador e abrangente.

Aquele momento era um divisor de águas na minha carreira, já que até então eu fazia parte de uma empresa séria, mas vinha de um modelo corporativo familiar que não tinha um certo embasamento. Era filho de uma costureira e de um torneiro mecânico que tinham começado um negócio sem visão corporativa ou qualquer visão de gestão, embora tivessem mais visão do que qualquer outro empresário do ramo.

Tudo que sabíamos tinha sido assimilado na prática, de forma empírica. Aprendemos tudo na prática e eu queria transformar em algo maior do que poderíamos imaginar. Estar à frente do legado de meus pais trazia uma emoção diária inexplicável e me fazia entender a importância daquele cargo de liderança.

Durante todo esse período de aprendizado na diretoria da Abihpec, muitas coisas aconteceram, como a primeira participação da Hinode numa feira internacional, a Cosmoprof, a maior do setor, em Bolonha, na Itália.

Antes de partir para a Itália, seguimos viagem para uma feira em Portugal. Éramos um grupo de brasileiros que se reuniu praticamente num porão em Lisboa, no prédio da Telecom Portugal, que não tinha nada a ver com a história. O espaço onde montaríamos os stands era no subsolo da Telecom Portugal e tinha cerca de 200 metros quadrados. Era ali que se reuniam as 10 empresas brasileiras que ficariam durante horas encarando umas às outras e perguntando a si mesmas se alguma alma viva entraria naquele local.

Na realidade, entraram duas. Uma delas chamada Vitor Lopes e outra chamada Dona Lourdes Lopes. O Vitor andou, andou, andou

e parou justamente no stand da Hinode e veio a se tornar meu primeiro cliente internacional. Foi através dele que nós montamos a Hinode portuguesa que prosperou durante muitos anos, enquanto seu casamento com a Dona Lourdes durou.

Durante esse período de crescimento profissional e pessoal, eu me empenhava em melhorar a companhia e estudar sobre marketing multinível tornava-se uma verdadeira obsessão.

Eu começava a ler sobre a Amway, que não tinha tido tanto sucesso na primeira oportunidade no Brasil, e vislumbrava o momento em que nos tornaríamos uma empresa de marketing multinível. Eu lia sobre a Herbalife e estudava criteriosamente como preparar a Hinode para levá-la a uma estratégia de marketing multinível.

Meus pais me encorajavam, como sempre, a seguir a minha intuição. Dessa forma eu me sentia confortável para desafiar a mim mesmo e sonhar alto.

Foi assim que contratei a minha primeira consultoria de venda direta, formada por dois caras admiráveis no segmento: o Marcelo Pinheiro e o Marcelo Alves, que foram muito importantes e me trouxeram um conceito chamado "marketing do canal", que passaria a integrar a nossa estratégia.

O discurso deles era o seguinte: "Você tem o marketing de produto, que é o marketing de venda, por outro lado, como você trabalha com pessoas, tem o marketing que é feito pra esse canal de pessoas. Como é que você promove essa rede de revenda? Quais são as promoções? Uma promoção para uma rede de revenda é uma coisa, uma promoção pro consumidor final é outra". Logo na primeira reunião, eles trouxeram esse conceito.

Com o Marcelo Pinheiro eu aprendi essa história de segmentação e identifiquei que seria importante para o nosso negócio. Era fundamental entender que precisávamos tratar públicos diferentes de maneiras diferentes.

Esse conceito ficou muito claro na minha cabeça, uma luz se acendeu e foi exatamente dessa maneira que começamos a criar uma estratégia de montar uma outra ferramenta que eu aprendi, de calendário de venda, e todas as equipes começaram a usá-lo. Dessa forma, tínhamos datas definidas para mandar pedidos e receber pedidos.

Até que, em 2008, eu acordei numa manhã qualquer e falei: "Chegou a hora, já tentei tudo o que eu precisava tentar, já sei tudo aquilo que não dá certo. Eu aprendi muito aquilo que não dava certo, eu já sei tudo aquilo que não dá certo, então, eu não preciso mais pagar esse preço, eu acho que está na hora de eu começar a falar para as pessoas o que dá certo, porque eu já sei o que não dá certo".

Nessa época, eu tinha uma coisa clara na minha mente: antes de liderar, você precisa aprender a servir.

Eu tinha aprendido isso na minha infância com Jesus, que era o maior líder que já tinha conhecido, porém, o primeiro grande servo. Estava claro desde que eu tinha conhecido a história desse líder que o princípio da liderança estava em servir. Eu sabia que jamais seria um bom líder, se não aprendesse a servir e se não aprendesse a seguir.

Todo mundo precisa seguir um líder que admire e que sirva de exemplo. Seguir um líder é se espelhar em seu modo de pensar, de agir e de lidar com os percalços da vida. Seguir um líder é se inspirar em quem trilhou um caminho que você gostaria de trilhar e é muito importante saber quem você segue.

Se todo mundo tende a seguir, você tem que saber quem está seguindo. Você tem que saber quais são os valores, o que a pessoa que você está seguindo pensa, e principalmente entender que talvez ela não tenha todas as respostas de que você precisa.

Para que sigamos alguém, precisamos saber onde essa pessoa quer chegar. O líder tem que saber para onde ele quer ir, e eu aprendi que nem sempre velocidade é sinônimo de eficiência. Embora eu ame a velocidade e acredite que seja importante fazer com velocidade, se usarmos velocidade no caminho errado, estaremos nos dirigindo rapidinho para onde não dá certo.

Demorou um tempo para eu identificar que estava na hora de fazer o que tinha que ser feito. Por alguns dias eu conservei uma certeza absoluta de que aquilo ia dar certo, e tinha total carta branca dos meus pais, que tinham se separado no matrimônio, mas que continuavam mais juntos do que nunca na sociedade, com plena segurança de que o modelo estabelecido naquele momento era um modelo que não daria certo e não permitiria que a empresa realmente alcançasse o potencial que eu sabia que ela tinha, portanto eu precisava mudar esse negócio.

Confiava na ideia de que seríamos grandes. Lia e estudava com critério cada passo que daria, estava mais unido e fortalecido do que nunca com meus irmãos, de forma que todos estavam se aprofundando em suas áreas de atuação. Em momentos diferentes, Alessandro tinha estudado marketing e depois ido para a Austrália estudar inglês; a Crisciane tinha viajado para os Estados Unidos para fazer inglês e depois acabou fazendo faculdade de Direito, e o Leandro tinha estudado Farmácia com ênfase em Cosmetologia. Todos os meus irmãos tinham se formado antes de entrar na empresa, tanto na área de operações, quanto na de vendas e na de marketing. Quando estávamos todos alinhados, resolvi de uma vez por todas: estava na hora!

Contratei o melhor consultor de marketing multinível na época, uma pessoa que confiava na ideia e preparei tudo. A primeira coisa foi o sistema, porque marketing multinível exigia uma boa tecnologia. Montamos um site para mostrar o negócio, escritório virtual para que a rede desenvolvesse aquele negócio; estudei, montei plano de compensação, montei tudo. Quanto mais eu pensava naquilo, mais aquilo me parecia promissor.

Como eu tinha muito transparência com a minha rede, convidei os principais líderes da Hinode para uma reunião. Era março de 2008 e faturávamos uns 700 mil reais por mês.

Chamei 50 líderes para o Hotel Bourbon, onde fizemos uma reunião de venda e, modestamente falando, eu tenho uma facilidade enorme em vender aquilo em que eu acredito e acreditar em visão boa e grande. Eu sempre tive a tendência grande de acreditar muito na *big view*... Eu gosto disso. Já que eu tenho que pensar, eu vou pensar grande. Se pensar grande e pensar pequeno dá o mesmo trabalho, então eu vou pensar grande. Por isso, as palavras para a equipe eram:

"Vamos fazer da Hinode a maior empresa do Brasil e seremos maiores que as grandes brasileiras".

Eu não queria ser maior em função do outro ser menor, mas queria ser grande e queria fazer direito. Desde cedo, tinha uma frase que eu usava muito e levava como lição de vida: "Eu nunca gastei um segundo da minha vida ou um neurônio da minha mente desejando ou pensando mal dos outros, mal para alguém". Não fa-

zia parte da minha natureza porque eu tinha muito claro para mim que o meu sucesso não dependia do fracasso de ninguém. Eu não precisava de que alguém fracassasse para que eu fizesse sucesso. Meu sucesso dependeria do meu trabalho e principalmente daquilo que eu acredito, meu sucesso dependeria da minha dedicação, meu sucesso dependeria do tempo que eu estaria disposto a trabalhar, porque o sucesso requer tempo.

Até hoje eu falo isso: que Deus me dê 100 vezes mais do que qualquer coisa que eu desejar para um concorrente meu. Não estou falando apenas de coisa boa. Quero dizer qualquer coisa, que Ele me dê 100 vezes mais.

Quando dizia que seria maior que as empresas brasileiras, estava querendo dizer que eu queria ser grande não porque queria que o outro fosse menor do que eu, eu simplesmente queria ser grande.

Eu tinha uma visão incrível desse negócio. Não sei se você já teve uma ideia que achava brilhante, ou de algo que acreditasse que realmente ia transformar alguém, mas era com um entusiasmo acima da média que eu resolvi transmitir a minha ideia.

Quando reuni todos os líderes da Hinode e expliquei a eles que aquele era um negócio revolucionário, eu estava excessivamente entusiasmado. A sala de treinamento acreditava naquela visão e todos vibravam como se fôssemos chegar à Lua.

A empolgação podia ser sentida na pele e todos eram unânimes em acreditar que aquele era o negócio do futuro. Até a Dona Dielza, que tinha sido patrocinadora da minha mãe, estava nessa reunião. Diante dos meus pais e irmãos eu fiz a promessa: "Vai dar certo".

Enquanto eu falava, lembrava da convenção de 15 anos de Hinode que tinha sido bem marcante. Tínhamos feito um evento em um hotel chamado Águas de São Pedro e sorteado nosso segundo carro, um carro zero quilômetro, que na época tinha um valor consideravelmente alto. No evento, tínhamos lançado uma linha infantil.

Com a mesma energia que tinha entregado o carro, eu dava aquela notícia. "Pessoal, no dia 31 de maio desligamos uma companhia e um modelo de venda e amanhecemos no dia 1º de junho com uma outra companhia".

O pessoal da Paraíba estava acompanhando a reunião por mensagem de computador e estourando champanhe, já que isso acon-

tecia exatamente na virada do dia 31 de maio para 1º de junho. Era como se comemorássemos um ano-novo, e eu só agradecia a Deus. "Obrigado senhor, que ótimo... vai dar tudo certo."

Estavam todos preparados. O sistema estava preparado, as pessoas estavam do meu lado, eu tinha um produto de altíssima qualidade, fábrica, modelo pronto, o plano de marketing pronto, o site pronto, um plano criteriosamente estudado.

Achava que não tinha como dar nada errado.

Com uma fé inabalável, pisamos em junho de 2008, o primeiro mês de negócio. As expectativas nas alturas e todos confiantes de que estaríamos navegando num oceano azul. Eu tinha engajado todos no meu ideal, estava ansioso por ver os resultados do que eu enxergava como um período de prosperidade sem fim, até o dia em que vi o faturamento.

Toda aquela confiança e convicção se transformaram numa frustração intensa e evidente, como se um grande balde de água fria fosse jogado sobre a minha cabeça. Eu imaginava que teríamos um resultado satisfatório e até esperava que nada tivesse mudado, mas nem em minhas piores previsões tinha a ideia de que quando visse o faturamento ia sentir aquela dor no peito. Era um misto de incredulidade com medo. Uma sensação estranha de que algo tinha escapado do meu controle. Eu estava em choque, já que não era fácil ter essa sensação 20 anos depois de história da Hinode.

A queda no faturamento não era de 1, 2 ou 5%. A queda no faturamento tinha sido de 90%. Eu não imaginava como aquilo poderia ter acontecido, mas imaginava que os meses seguintes seriam diferentes. Apesar do cenário desastroso, ainda mantinha uma posição otimista e queria avaliar o que tinha ocasionado aquela queda.

Eu me lembrava do rosto de cada uma das pessoas que tinham confiado em mim, da expressão de alegria e intensa ansiedade por ver aquela visão que eu propagara se realizando e sabia a responsabilidade que seria conduzir aquele período, caso nada do que eu tinha previsto se realizasse.

Eu nem sonhava, mas aquele era só o começo do que viria pela frente. Do mês de junho de 2008 em diante, eu teria os quatro anos mais difíceis da minha vida. Aquele era o começo do meu deserto.

TAMBÉM NO DESERTO VOCÊS VIRAM COMO O **SENHOR**, O SEU DEUS, OS CARREGOU, COMO UM PAI CARREGA SEU **FILHO**, POR TODO O CAMINHO QUE PERCORRERAM ATÉ CHEGAREM A ESTE LUGAR.

DEUTERONÔMIO 1:31

Atravessar o deserto que começou em 2008 e se estendeu pelos 4 anos que se seguiram foi definitivamente o período mais desafiador da minha vida. Aquela visão que eu pintara na reunião com os líderes e parecia ser tão real começava a parecer uma ilusão para todos os que estavam acompanhando aquela trajetória.

O mais difícil era ver líderes que estavam acostumados a ganhar 3 mil reais, passando a ganhar dez vezes menos. Pais e mães de família que tinham depositado sua fé em mim, acreditando naquele sonho, sem dinheiro para pagar as despesas básicas da casa.

O pouco de dinheiro que eu tinha praticamente distribuía para as pessoas. Via a Dielza, que era separada e estava ganhando menos que um salário mínimo, e me achava na obrigação de ajudá-la. Assim como a Dielza, eu via a Márcia, a Rosana, a Eliene, pessoas que estavam comigo havia tantos anos, passando necessidade

A maior dificuldade, sem sombra de dúvida, era comigo mesmo. Dentro de mim conviviam dois inimigos: o desistente e o incentivador. Enquanto um me botava para baixo, dizendo que eu tinha colocado todo mundo no buraco, o outro dizia: "Se você colocou, só você pode tirar".

Era assim que eu convivia com esses dois sujeitos que começavam a ganhar forma e cor dentro da minha mente. Eu sempre fora meu maior crítico e meu maior incentivador, mas nunca tinha lidado com uma briga tão intensa dentro de mim. Sabia que eu tinha que me recompensar, mas também precisava me criticar. Mesmo que eu quisesse, não dava para enganar nem a Deus, nem o cara que eu via todas as manhãs no espelho.

A batalha entre o desistente e o incentivador era forte o bastante para me desestabilizar. Ao mesmo tempo em que eu descobria que esses dois duelavam dentro de mim, eu tinha plena consciência de que era uma verdadeira briga de gigantes. Sabia que era eu quem me levava para baixo e também era eu quem me levava para cima. O nosso senso de responsabilidade ficava ainda maior, porque até mesmo meu estado diante daquela situação dependia de mim.

Tudo, absolutamente tudo, começou a dar errado. Quando eu digo errado, digo muito errado. E o ser humano tende ao conforto; a natureza humana tende à zona de conforto. Todos nós tendemos à zona de conforto, mas é muito importante sabermos de uma coisa: na zona de conforto não existe progresso.

Quando está tudo bem, você não consegue progredir, nem ampliar seus limites.

Nesse período de intenso aprendizado, eu me desafiava dia após dia e estava na pior zona de desconforto do mundo, sem nada, com tudo e todos contra mim. Mesmo que ninguém me acusasse diretamente por aquele fracasso, eu me cobrava e tinha medo. Hoje sei que o medo era uma reação normal dentro daquela situação, já que somos de carne e osso, mas ele me fazia lembrar de uma fábula que meu pai nos contava, quando éramos crianças.

A tal fábula falava sobre um jovem índio que chegava perto de seu avô para pedir um conselho, porque *às vezes ficava tomado pela raiva e pelo medo.*

O velho índio olhou fundo nos olhos do neto e disse:

– Eu também, meu neto, às vezes, sinto grande ódio daqueles que cometem injustiças sem sentir qualquer arrependimento pelo que fizeram. Mas o ódio corrói quem o sente, e nunca fere o inimigo. É como tomar veneno, desejando que o inimigo morra. Também sinto medo em algumas situações.

O jovem continuou olhando, surpreso, e o avô continuou:
– Várias vezes lutei contra esses sentimentos. É como se existissem dois lobos dentro de mim. Um deles é bom e não faz mal. Ele vive em harmonia com todos ao seu redor e não se ofende nem se apavora. Ele só luta, quando é preciso fazê-lo, e de maneira reta.
– Mas o outro lobo... este é cheio de raiva e culpa todos, quando nada dá certo. A coisa mais insignificante é capaz de provocar nele um terrível acesso de raiva. Ele briga com todos, o tempo todo, sem nenhum motivo. Sua raiva e ódio são muito grandes, e por isso ele não mede as consequências de seus atos. É uma raiva inútil, pois sua raiva não irá mudar nada. Às vezes, é difícil conviver com estes dois lobos dentro de mim, pois ambos tentam dominar meu espírito.
O garoto olhou intensamente nos olhos do avô e perguntou:
– E qual deles vence?
O avô sorriu e respondeu baixinho:
– Aquele que eu alimento.

Mesmo sem sofrer qualquer injustiça, eu tinha dois lobos dentro de mim e precisava saber qual deles eu iria alimentar. O desistente e o incentivador estavam duelando e, naquele momento, quem venceria? Aquele cara que eu ia alimentar.

Esse "eu inseguro", esse "eu com medo" que era natural estar se manifestando, não conseguia entender como o "eu obstinado" conseguia ir adiante. Era como se ele risse da *big view* do "eu" cheio de entusiasmo que continuava disciplinadamente indo adiante.

Outra coisa que eu aprendia dia após dia era que todo mundo precisava de motivação e entusiasmo, mas que o mais importante naquele momento era disciplina. Eu sabia que o que me levaria ao próximo passo era a disciplina. Hoje eu digo para as pessoas que, mesmo que você esteja desmotivado, não pode parar de andar. Tem que ter a disciplina de continuar caminhando e fazer aquilo que precisa ser feito.

No auge do deserto, eu não levava um centavo para casa e via literalmente a grande tentação querendo me desviar do percurso. Um grupo empresarial que já nascia grande estava numa fase de seleção da equipe e eu era chamado para ser o diretor de vendas da empresa.

O ritmo acelerado da decadência da empresa não me fazia desistir. A maioria se perguntava de onde eu tirava aquela intensidade nas ações, acreditando, apesar de todos os cenários parecerem negativos. Minha lembrança do dia que recebi o telefonema é clara. Foi o Marcelo Pinheiro, através da agência que fazia a seleção para montar um departamento de venda dessa empresa, que me fazia o convite, dizendo o valor do salário que me aguardava. Era um dinheiro que eu nunca tinha ganhado na vida. Nesse momento, eu lembrava de uma frase do Steve Jobs que dizia: "Foco não é você prestar atenção em todas as coisas, mesmo que elas pareçam boas... foco é você prestar atenção naquilo que está fazendo... se determinar e não olhar para os lados. Foco é saber dizer não". O Marcelo conhecia a minha competência e aquilo de certa forma me servia como uma injeção de entusiasmo, porque se alguém com tanto conhecimento de mercado estava me convidando para um desafio tão importante era porque, de fato, eu tinha algo para entregar.

Ter diante de mim uma tentação num momento em que eu não tinha nada era algo que a própria palavra resumia: tentador. O amor pela missão e pelas pessoas que faziam a Hinode me prendiam à Hinode. Além disso, eu tinha fé de que aquela empresa seria grande e uma crença absurda de que aquele período ia passar, mesmo com todos os indicativos de que aquela fase persistiria. Eu sabia a diferença entre ser obstinado e ser teimoso, e sabia que existia uma linha tênue entre as duas palavras e reações. No entanto, apesar de os números não serem os melhores e de não ter nenhum indicativo racional de que aquilo ia melhorar, eu tinha uma crença absurda e sabia do potencial daquilo que eu estava fazendo. Eu sabia que tinha pessoas excelentes ao meu lado e produtos de altíssima qualidade.

Além disso, eu tinha a coisa mais importante que um homem tem que ter na vida, que era um motivo para continuar. O meu motivo eram as pessoas que confiaram em mim. Eu tinha arrastado todos eles para o deserto comigo. Sabia que sair do deserto e abandoná-los lá sem um líder, seria como cometer um crime.

Eu sabia, sobretudo, que tinham sido as minhas decisões que haviam levado todas aquelas pessoas para aquele momento. Também já entendia que num momento de dúvida ou com medo eu

não poderia esquecer de duas características essenciais e fundamentais num homem de sucesso: lealdade e gratidão. Quando estamos em momentos onde pairam as dúvidas ou com medo, é comum que esqueçamos desses valores imprescindíveis. Esses valores tinham que ser alimentados.

Eram valores que eu tinha aprendido com meus pais ao longo da vida e nos quais tinha focado com intensidade. Sabia que para alcançar meus objetivos seria essencial ser leal e grato às pessoas e às oportunidades que mudariam nossa vida.

Quando pensava na Dielza, a pessoa que tinha oferecido a oportunidade para minha mãe e feito o convite para que meus pais participassem de uma apresentação de negócios que mudaria a vida de ambos, eu lembrava com gratidão.

Era grato porque graças à Dielza eles tinham conhecido a estratégia de venda direta que tinha mudado completamente nossa vida. Era por isso que eu sabia que sempre seria grato a ela. Gratidão e lealdade eram mais que sentimentos: eram decisões.

No auge do nosso deserto, quando recebi aquele convite para trabalhar como diretor de vendas de uma companhia que estava entrando no mercado, num momento difícil em que eu não levava um centavo para casa, eu tinha claro qual era a decisão correta. Apesar de ter recebido uma proposta que parecia irrecusável, eu lembrei da minha decisão em SER GRATO e LEAL às pessoas que tinham me ajudado a mudar de vida e àquelas que tinham me apresentado a oportunidade de negócio para essa transformação

Eu lembrava da minha promessa para a Dielza, de que eu iria mudar aquele cenário, não importava o que acontecesse. Ela, a pessoa que tinha nos ajudado a transformar nossa vida, não continuaria ganhando um bônus que equivalia a um salário mínimo. Eu prometi que mudaria aquele cenário, e ela alcançaria um ganho mensal de pelo menos 10 mil reais por toda a vida. Era graças a essa promessa que eu sabia que tinha que honrar a minha palavra. Tinha que exercitar minha lealdade e gratidão. Eu não podia "virar as costas e deixar todos eles no deserto".

Hoje, março de 2018, a Dielza ganha quase 10 vezes mais do que prometi para ela, e como ela tenho muitos outros exemplos em que a lealdade e a gratidão fizeram total diferença.

No deserto, é necessário encontrar os motivos claros para continuar caminhando.

Eu tinha meus grandes motivos: em primeiro lugar minha família, minha esposa e meus filhos, depois dezenas de pessoas e líderes que tinham confiado em mim. Além de tudo, eu tinha meus irmãos. Como eu largaria meus irmãos? Diria: "Fiquem aí, legal, eu que arrastei vocês pra cá, fiquem aí no deserto... Faz o seguinte: se você é farmacêutico, monta uma farmácia; você vai trabalhar de empregado pra não sei quem, você é advogada...".

O mais curioso era que eu sempre acreditava que deveria haver concordância entre o casal, quando se está casado e em todas as decisões importantes eu consultava minha esposa, a Leila, para saber se ela estava de acordo comigo antes de dar a resposta final. Essa transparência nos acompanhava desde o dia que tínhamos nos conhecido.

Tínhamos um vínculo e uma cumplicidade muito forte no que dizia respeito a todas as situações e eu via que, se estávamos juntos, tínhamos que concordar com uma série de coisas. Desde noivos tínhamos conta conjunta e sabíamos que o que era meu era dela e vice-versa. Mesmo que eu não tivesse nada naquele momento para dividir e que ela estivesse pagando todas as nossas contas com o fruto de seu trabalho. Mas essa foi uma decisão que eu não conversei com ela. Até cheguei em casa pedindo desculpas de não ter conversado com ela, mesmo sabendo que ela concordaria comigo.

Ela era tabeliã no 3º Cartório de Osasco, de São Paulo, fazia escritura e sustentava nossa casa. Quando contei que tinha declinado uma proposta daquelas, ela não teve dúvida e concordou imediatamente com a minha decisão. Isso fortalecia minha fé, mesmo que aparentemente eu não tivesse nenhum resultado naquele momento ou qualquer cenário positivo diante de mim.

Nessa época, os pedidos simplesmente não entravam, e a Hinode estava praticamente parada. Até um dia que a Isabel Bitencourt, que era minha gerente de vendas, me ligou enquanto eu estava no trajeto para mais uma apresentação do negócio, em Santana, zona norte de São Paulo. Eu mostrava o plano e nunca deixava de apresentar a oportunidade Hinode, mesmo nos momentos mais difíceis. Houve vezes que eu ia até um bairro de São Paulo para "mos-

trar o plano" e simplesmente não havia ninguém, nem mesmo a pessoa que tinha marcado comigo. Eu voltava para casa triste, sem dúvida, mas com a certeza de que tinha feito a minha parte, tinha ido ao local combinado e dado meus 100%. Mesmo sem ninguém no local, eu estava fazendo aquilo que cabia apenas a mim, não dependia de ninguém. Sempre dar o meu 100% me fazia ter a certeza, mesmo triste, de que no dia seguinte eu levantaria e seguiria para próxima APN, para mostrar mais um plano.

– Sandro – ela disse, antes mesmo que eu dissesse alô. – Você não sabe o que aconteceu! Glória a Deus!

Fiquei entusiasmado e parei o carro para ouvi-la, mesmo estando na Marginal Tietê. Eu estava tão confiante na vitória que só o tom de voz dela fazia com que eu me animasse.

– O que houve, Isabel? Qual o motivo dessa felicidade toda?
– Entrou um monte de pedidos – foi a resposta dela.

Meu coração ficou acelerado, e eu abri um sorriso de orelha a orelha. Era como a confirmação de que tudo fosse dar certo. "Eu sabia!", pensei. Comecei a chorar, de alívio e felicidade.

– Quantos pedidos? – perguntei.
– Mil pedidos! – ela disse, entusiasmada.

Desligamos o telefone, e eu dirigi até o evento, emocionado, agradecendo a Deus: "A galera entendeu, meu Senhor! Obrigado!". Fiquei pensando que aquele recesso sombrio tinha passado e que a partir daquele dia correríamos apressados rumo ao crescimento.

Entrei no evento cheio de energia e antes que pudesse cumprimentar as pessoas, ela telefonou novamente. Eu já imaginava que traria mais boas notícias. Sua voz, dessa vez, não parecia tão animada.

– Sandro...

Eu respirei fundo.

– Diga, Isabel...
– É que... – ela suspirou e continuou – é que foi um erro do sistema. Não entrou nenhum pedido, não.

Ali estava eu, diante de vinte pessoas que me observavam e eu tendo que dizer para eles que ia dar certo... Era um desafio muito grande.

Nos dias que se seguiram, eu tentava me apegar à minha crença de que aquilo daria certo. Eu tinha um lado espiritual muito forte e,

acima de tudo, acreditava que ia conseguir conduzir aquelas pessoas para um novo oásis de abundância, fartura, e livres de toda escassez que vivíamos.

Além desse meu lado espiritual, dessa crença muito forte, eu insistia que para vencer no deserto precisava necessariamente ter uma grande meta. Sabia que precisava de um objetivo. Todo mundo precisa de um objetivo ou ninguém caminha para lugar nenhum. Você só caminha em direção a alguma coisa, mesmo que você não saiba se o caminho está certo. No deserto não tem como saber se o caminho está certo, mas você sabe que está caminhando em direção a algum lugar. Na sua cabeça, mente, no seu coração, você está caminhando na direção de algum lugar. Esse algum lugar tem que ser muito especial... Esse algum lugar tem que fazer tudo valer a pena. Não precisa ser fácil, precisa apenas valer a pena.

Com essa visão de onde eu queria chegar, eu não estava vendo nada, mas sabia que era necessário alimentar essa visão e andar. Era necessário olhar e dizer a mim mesmo: "Estou caminhando em direção ao meu sonho... Não sei se o caminho é esse, mas estou caminhando em direção ao meu sonho e ao meu objetivo". Nessa caminhada, algo me dizia que eu ia encontrar o caminho correto e eu confiava nessa intuição.

Eu costumo dizer para quem atravessa um deserto, seja lá em que área, que procure um lugar mentalmente para chegar. Crie metas, porque é necessário ter metas e algo de muito valor.

Você precisa ter uma meta muito valiosa. Isso fará com que você se levante todas as manhãs e tenha um desejo. Ter um grande sonho, uma grande meta nos faz levantar todos os dias e andar mais uma milha. Caso contrário, sucumbimos e morremos.

No deserto, se você fica parado, você morre. O deserto é muito quente de dia e ele é muito frio à noite. Para viver nele, você precisa ter um objetivo muito claro, algo muito valioso, uma meta muito valiosa. Seja ela o que for... você vai terminar sua faculdade, você vai mudar a vida financeira da sua família... você vai se curar de uma doença.

Se seu deserto for uma doença, imagine-se curado dessa doença. Mas você precisa ter essa visão. Você tem que imaginar esse depois. Você tem que ter esse quadro mental positivo desenhado

na sua cabeça e no seu coração. Você tem que conseguir hoje se enxergar e se sentir lá. É necessário fazer isso. E ter uma atitude acima do comum, fora da média, acima da média. E eu digo que o mundo está cheio de pessoas médias. Não tem nada errado em ser médio, mas pessoas médias têm resultado médio.

É necessário vencer aquele crítico e aquele "eu com medo" e mostrar para ele que ele pode ter uma atitude acima da média. Todo mundo pode.

Eu não acredito em escolhidos, eu não acredito que Deus olhe para nós e diga o seguinte: "Olha só, eu quero que esse cara vá bem, eu quero que esse cara vá mal". Eu não acredito nisso. É a mesma coisa que olhar para os meus filhos e escolher entre eles. Isso não existe. Por que um pode ir bem e outro pode ir mal? Não é pela minha escolha, é pela escolha deles, é pela escolha individual.

Eu sabia, acima de tudo, que ainda acreditava naquilo que minha mãe havia dito lá atrás: nascer pobre não é uma escolha, morrer pobre é. E para não morrer pobre não necessariamente você tem que ser rico, milionário... você tem que ser feliz. Para mim, sucesso sempre teve muito mais a ver com felicidade do que com dinheiro e ainda nessa época eu já conhecia muita gente com muito dinheiro e infeliz. Eu não queria ser alguém com dinheiro e vazio.

Claro que durante essa travessia houve desafios, quando num momento de desespero, de dor, de dúvida, precisei ouvir: "Você acabou com o negócio da família", e ouvir isso de pessoas próximas é muito difícil e muito duro. Mas eu sabia, acima de tudo, que não era uma coisa de dentro e principalmente que aquilo não vinha do coração. Embora a cena continuasse desastrosa, nenhum dos meus irmãos abandonava o barco ou cogitava seguir uma carreira em paralelo.

O mais importante era não ficar parado. Eu digo o seguinte: no deserto você pode fazer qualquer coisa. Não importa o deserto da sua vida, se é um deserto profissional, pode ser um deserto pessoal, não importa, todo mundo passa. Eu aprendi uma coisa, que no deserto você pode fazer qualquer coisa, pode chorar, pode brigar com Deus, pode reclamar, a única coisa que não pode fazer é ficar parado.

Deserto não é lugar para ficar parado. Deserto é lugar de caminhar, é lugar de andar. Ele acaba. Acaba, lógico que acaba. Uma hora ele acaba. Mas quando se está dentro dele, não se vê o fim.

E eu realmente não conseguia ver o fim. Mesmo com a crença absurda de que aquilo ia dar certo, eu tinha medo e fraquejava. Isso não quer dizer que eu não errava. Isso não quer dizer que eu não tinha insegurança. Fé, para mim, é o que você faz mesmo com medo, mesmo inseguro, mesmo sem acreditar.

Tinha dias que eu chegava na Hinode, que era uma fábrica muito pequena, e ouvia uma voz que dizia assim para mim: "Você está fazendo o que aqui? Esse negócio acabou. Cara, você acabou com o negócio da sua família". Essa voz insistia em fazer com que eu desistisse. Era uma voz que vinha de dentro, de um sabotador, de um crítico, de um "eu com medo". Essa voz era minha.

Como eu sempre tinha provocado as mudanças na minha vida, conforme íamos andando por aquele deserto sem fim, onde eu tinha colocado as pessoas com a promessa de que teríamos algo novo, minha mente me traía. A primeira vez que isso aconteceu, eu estava entrando na fábrica.

– Desiste.

Olhei ao redor, não tinha ninguém ali. Era uma voz que falava comigo e queria me persuadir a desistir.

– Desiste, Sandro – a voz insistia.

Eu continuava caminhando, e a voz insistia:

– Vai dar meio-dia, você não vai ligar uma máquina, não vai acender uma luz, vai mandar os funcionários embora pra casa, sabe por quê? Porque eles são mais baratos na casa deles, gastando o papel higiênico deles, tomando o café deles, do que aqui. E esse café que eles tomam e esse papel higiênico que eles vão gastar vão te fazer falta.

Eu respondia para aquela voz insistente que aquilo não ia acontecer. Mas logo da primeira vez, obedeci. Quando deu meio-dia, eu já tinha mandado os funcionários de volta para casa.

A cena se repetiu inúmeras vezes. Antes do meio-dia, eu pedia para eles apagarem as luzes, desligarem tudo e encerrava as operações, para que cada um seguisse seu rumo.

Mesmo que eu quisesse mantê-los, não tinha o que fazer. Esse era o deserto. Eu olhava e era tudo igual, não via saída, e era humano ter medo e duvidar. A cada dia, esse "eu com medo" fazia observações querendo me dissuadir a desistir de tudo. Eu não desistia

de tudo, mas analisava friamente o que seria melhor naquele dia. E geralmente o melhor a se fazer era mandar funcionário ocioso para casa.

Meu "eu com medo" queria que eu abandonasse tudo. Ele me enchia de insegurança e dúvida e brigávamos todos os dias. Eu brigava com ele e dizia: "Não, eu não aceito isso, cara, isso não vai ser assim". E era.

Enquanto caminhava pela fábrica, percebi que o que importa não é o quanto é difícil, o que importa é o que você fará nessa situação tão difícil. O que importa é o próximo passo. Demorei para conseguir dar essa resposta para essa voz, mas assim que descobri eu dialogava com ela:

– Tá bom, tá difícil, tá, não tem água, tá quente, não tem produto, não tem luz, não tem dinheiro. E o próximo passo? E o próximo passo?

Com essas indagações eu aprendi. Eu aprendi muito, no deserto, uma coisa que eu trago para minha vida e que faz parte do meu ponto de virada: aprendi a fazer aquilo que está no meu controle. Eu nunca deixei de fazer aquilo que estivesse no meu controle e dependesse de mim. Comecei a entender que não queria saber se o outro ia fazer.

– Eu não quero saber se a outra parte vai dar o 100% como eu vou dar. Eu quero saber o seguinte: qual é o meu 100%? – eu dizia para a minha voz.

Eu entendia que o cosmético da Hinode era o melhor do mercado, um produto de altíssima qualidade, mas que mesmo assim muitas pessoas não vendiam, nem mostravam os produtos e os planos da Hinode, porque tinham medo do não. Só que elas não entendiam que o "sim e o não" não estavam no controle delas.

O poder de persuasão vem com a experiência, fazendo, fazendo, fazendo, quanto mais você faz, melhor fica em tudo. Não era o poder de persuasão que estava em jogo.

Eu passei a entender cada vez mais que o que estava no meu controle era mostrar o plano de negócios da Hinode. Isso estava no meu controle. Nada me impedia de fazer isso.

Meu 100% naquele dia é um, mas amanhã ele pode ser 1.1, depois de amanhã pode ser 1.3, depois de uma semana 1.8, depois

de 10 anos, ele pode ser 5, depois de 20 ele pode ser 10, mas ele continuará sendo o meu 100%, porque o meu 100% está no MEU controle. Era assim que eu dormia e acordava, querendo dar meu 100% em tudo.

Quando eu ouvia essa voz, falava: "Eu não aceito isso, isso não faz parte da minha vida, não aceito". Dessa maneira, eu ia enxergando que não importa o quanto está difícil, o que importa é o próximo passo. Eu sabia que os passos seriam dados, e que eu chegaria onde queria. Existia uma força interna que me movia ao lugar onde eu teria acesso a tudo que tinha prometido às pessoas ao meu redor. Mas, para chegar a esse lugar, eu precisava focar nos passos que não tinham sido dados. Eu precisava seguir a minha paixão.

Estava rodeado de pessoas extraordinárias e tinha uma família que era minha nutrição espiritual. Eu tinha assumido riscos grandes, e por isso, mudado a rota do destino. Dentre essas pessoas extraordinárias havia um grupo de funcionários que todos os dias após o almoço se reunia numa sala de reunião e orava por eles e pela Hinode. Um dos funcionários que fazia parte desse grupo, o Pedro Morgado, hoje é Imperial Diamante da Hinode. Na época, ele era auxiliar de escritório, com salário compatível com a função. Hoje tem uma renda mensal milionária.

Mesmo que eu não imaginasse como sairíamos daquela situação naquele momento, eu ainda aguardava que aquele fracasso temporário pudesse me levar em direção aos meus sonhos.

Nos piores dias, quando eu apagava as luzes e mandava os funcionários para casa, o fogo na barriga ainda mexia tudo por dentro. Eu acreditava na Hinode e tentava não me concentrar no que tinha dado errado. Mas não sabia se a minha afirmação positiva poderia ter ido longe demais. Já tinha lido que o progresso muitas vezes se distingue como um problema e que as metas deveriam transcender o tempo, mas era difícil viver dia após dia naquele caos.

A vida acontecia e eu tentava remar e guiar a embarcação. Ao menos, eu sabia que tinha condições para lidar com o medo. Sabia que essa era uma das chaves para o sucesso, só que eu precisava de apoio. Vivia a minha vida com propósito, estava motivado pela inspiração e não pelo desespero e tinha escolhido lidar com tudo aquilo que me tentava fazer desistir.

Era como se as minhas forças estivessem sendo testadas. Em cada conversa com Deus, eu entendia um pouco do que poderia estar acontecendo naquele período turbulento. Sabia que águas calmas não faziam bons marinheiros, mas ainda não tinha entendido que aquilo tudo serviria de grande aprendizado. Não dava para aceitar soluções de curto prazo ou jogar tudo para o alto. Eu precisava avançar.

Certa noite, em uma das minhas conversas com Deus, no escritório, diante de uma infinidade de contas para pagar, comecei a ter alguns insights. Eu não precisava ser o melhor: eu precisava ser diferente. Só que o preço de ser o primeiro a fazer algo é desbravar um terreno desconhecido. Eu precisava me dar uma chance de tentar. Precisava persistir até que toda a energia tivesse se esgotado.

Eu sabia, sobretudo, que a maioria das pessoas bem-sucedidas tinham errado muito até que dessem certo em seus negócios. Eu não poderia pecar pela paralisia, por ficar parado esperando resultados.

A única alternativa naquele deserto era continuar caminhando. Eu sabia que chegaria a algum lugar. Eu precisava sair daquele deserto. Era só dar o próximo passo.

EM SEU CORAÇÃO O HOMEM PLANEJA O SEU CAMINHO, MAS O SENHOR DETERMINA OS SEUS PASSOS.

PROVÉRBIOS 16:9

Eu sabia que atos de coragem eram necessários em regenerações organizacionais, mas tinha algo claro: precisava de um diretor administrativo que tivesse os pés no chão, enquanto eu tentava voar.

O Arthur Luloian tinha sido meu professor de administração na faculdade. Eu o admirava e respeitava muito suas opiniões concisas. Em 2008, mandei um e-mail a ele contando sobre nossa mudança para o marketing multinível. Lembro-me de ter escrito algo como "Arthur, eu tô precisando de um diretor administrativo, você tem alguém para me indicar?".

Claro que eu jamais imaginaria a resposta. Ele logo escreveu dizendo que tinha, mas queria se colocar à disposição. Pensei: "Quem sou eu, imagina, meu professor vir trabalhar comigo...". Jamais teria essa pretensão. Mas, já que ele estava se oferecendo, eu o convidei e ele foi com o coração aberto e entusiasmado.

Foi assim que Arthur se tornou, no deserto, a voz racional. Isso era de uma importância imensurável, já que no deserto somos levados a agir pela emoção e as emoções estavam afloradas em toda a Hinode. É muito importante, especialmente no deserto, ter alguém de sua confiança, alguém para conversar e muitas vezes te dar di-

cas e conselhos, alguém que você considere sábio, que goste de você, mas principalmente que te ajude de forma racional e prática.

Quando estávamos atravessando esse período de crise, o Arthur era a voz racional dessa história. O Arthur me ajudou muito. Na minha vida, tenho algumas estantes em que vou colocando nomes. Tenho uma estante chamada gratidão, e nela o Arthur está no ponto mais alto.

Ele era um gestor, professor, com 30 anos na Fundação Getúlio Vargas, a FGV, e tudo mais; eu era o cara da crença, que buscava vender e ampliar a rede de consultores da Hinode, buscava transformar. Arthur era o cara que estava dentro da empresa negociando com fornecedor, negociando com banco, negociando dívida, com uma habilidade fantástica em negociação.

Eu tentei alterar o plano de marketing da Hinode de diversas formas, em busca de resultados. Ou seja, continuamos fazendo nosso 100%, mas os desafios continuavam cada vez maiores. Talvez um dos períodos mais difíceis tenha sido pedir aos gerentes que reduzissem o salário deles pela metade.

No final de 2010, no dia do aniversário da minha irmã, mesmo com toda a nossa dificuldade, ela resolveu fazer um bolo na casa dela para que cantássemos parabéns.

Num determinado momento, pedi para que meus sócios assinassem mais um contrato de empréstimo bancário. Já tínhamos perdido as contas de quantos empréstimos tínhamos feito e nossa dívida estava enorme. Num momento de desespero, meu irmão se virou para mim e, pela segunda vez, disse: "Você acabou com o negócio da família, você acabou com aquilo que construímos". Escutar isso tinha sido a parte mais difícil dessa história.

Eu olhei para a minha mãe e falei:

– Olha, a gente não tem mais como pegar dinheiro, temos que fazer alguma coisa, e a única coisa que a gente pode fazer é vender aquilo que tem.

A minha mãe me olhou de um jeito único e deu uma resposta incrível.

– Deixa eu contar um negócio para vocês. Tudo o que eu tenho, tudo o que a gente tem, foi a Hinode que me deu, tudo, tudo. Seria extremamente injusto da minha parte, na única vez que ela

pediu alguma coisa para mim, eu negar para ela. Ela sempre me deu tudo sem reclamar, sem fazer nada, ela sempre me deu tudo, então, agora que ela está precisando de mim, tudo o que eu tenho devolvo para ela.

Já tínhamos vendido a casa da minha mãe, e ela foi morar num apartamento. Meu pai foi morar no sítio. Vendemos o prédio em São Paulo, vendemos o terreno que era o sonho da fábrica, porque chegou uma hora em que não tínhamos mais como pedir recursos no banco para pagar as contas. Ficamos, eu com a minha casa, o Alessandro com a casinha dele, a Crisciane com o apartamentinho dela, e o Leandro com o apartamentinho dele.

O mais importante nesse momento foi que todos perceberam que a Hinode era uma entidade viva. Era como um filho. Um ano antes, no primeiro dia útil de 2010, eu tinha reunido todo mundo no corredor do escritório e dito:

– Olha só, galera, a situação está muito difícil, mas vai virar, eu tenho certeza de que vai virar. Mas preciso dizer uma coisa pra vocês: eu sempre aprendi dentro da minha casa que somos seis sócios, seis pessoas físicas, mas a Hinode tem uma identidade própria, como se fosse uma sétima pessoa. A Hinode é uma sétima pessoa, jurídica, mas uma sétima pessoa. E não tem ninguém, ninguém, inclusive da minha família, nem eu, que seja mais importante do que a Missão da Hinode. Se alguém, se algum de nós estiver atrapalhando a missão da empresa, essa pessoa sai, inclusive eu. Se eu estiver atrapalhando a missão da empresa, eu pego meu boné e vou embora.

Em dezembro de 2011, o Arthur fez uma reunião na casa da minha mãe, mostrou os números e disse:

– Bom, gente, infelizmente, nós só temos empresa até março de 2012. A partir de março de 2012, nós estamos insolventes, não temos mais onde pegar recurso, não temos capital, não temos mais nada.

Nossa dívida tinha uma assustadora marca: era seis vezes maior que o nosso faturamento.

Minha mãe deu um tapa na mesa e todos se calaram.

– Eu não aceito isso. Deus não nos trouxe até aqui pra gente morrer desta forma, alguma coisa vai acontecer!

Com a força das palavras dela, eu respirei fundo.

– Nossa, mãe, ainda bem que a senhora acredita. Eu achei que a senhora não acreditasse... Eu também acredito. Mãe, vai acontecer alguma coisa, eu tenho certeza de que vai acontecer alguma coisa – decretei.

Embora minha convicção de que algo aconteceria ainda fosse grande, em alguns momentos eu perdia um pouco da minha força e era nesses momentos que a Leila, minha esposa, fazia de tudo para me reerguer. Ela constantemente me fortalecia nos momentos de dúvida, dizendo:

– Você sempre foi uma pessoa honesta e trabalhadora. Sempre quis o bem de todo mundo... pode ser que não chegue no tempo que a gente quer, mas você vai alcançar o sucesso que tanto busca.

Nesses momentos, quando eu estava sem dinheiro ou perspectiva, ela arranjava um jeito de me reanimar. Foi assim que, no fim de ano, acabamos indo viajar para a Disney. Ela juntou todas as economias dela para comprar nossas passagens, enquanto meu sogro e minha sogra deram de presente a passagem da Ana Vitória e do nosso sobrinho João.

Ficamos hospedados num apartamento acessível onde fazíamos lanches com pão de forma e queijo pela manhã e os embrulhávamos em papel alumínio para que pudéssemos passar o dia sem fome. Ainda tenho a recordação viva do queijo grudado no pão que comíamos com tanto gosto, felizes por estarmos passando momentos em família.

Logo que voltamos, tive uma notícia inesperada: descobrimos uma grande traição de um funcionário que trabalhava no departamento financeiro. Ele tinha desviado, pouco a pouco, uma grande quantia de dinheiro do caixa. Eu custei a acreditar naquilo, principalmente porque se tratava de um sujeito que sofria e chorava conosco no deserto e sabia mais do que ninguém a situação pela qual estávamos passando.

Embora o desvio tivesse ocorrido de forma planejada, minha mãe tinha percebido que algo estranho estava acontecendo. Ela acabou percebendo que o padrão de vida daquele menino não era compatível com os ganhos mensais dele. Para mim e em especial para meu irmão Leandro, que trabalhava diretamente com esse colaborador, foi difícil acreditar que aquilo pudesse estar ocorrendo.

Revisamos os papéis encontrados, diversas vezes, para tentar encontrar algo que dissesse que aquilo tudo era mentira e não estava acontecendo.

Dessa forma, senti um gosto amargo de ser traído por alguém da minha confiança. Ser roubado durante o seu momento de maior crise não é algo simples de lidar, mas quando TOMAMOS A DECISÃO CORRETA, as coisas sempre dão certo.

Muitos me perguntam como consegui confiar tanto nas pessoas depois de levar tantas rasteiras consecutivas e hoje eu tenho o discernimento para entender o quanto o perdão lava a alma. Costumo dizer que perdão é ação e declaração.

Se perdoo alguém, eu estou dizendo: "Sobre a sua vida não existe mais a minha condenação. Poderemos nunca mais voltarmos a ser amigos, mas você está perdoado". Sou humano e também sinto dores e ira.

Independente daquilo ser errado, era o que a pessoa tinha para entregar naquele momento. Conforme eu e a Leila tínhamos um entendimento maior da força e presença de DEUS em nossa vida, também percebíamos que existia algo inegociável na vida, que era a Lei da semeadura.

Eu tenho plena certeza de uma coisa: aquilo que você coloca no mundo é o que você colhe. Mais cedo ou mais tarde a colheita vem. Pode ser extremamente positiva, mas se você plantou coisas ruins, colherá inevitavelmente coisas ruins.

Quando temos essa clareza, sabemos que, se alguém fez algo muito errado, a vida cobrará. Não precisamos colocar mais a nossa condenação sobre a vida daquela pessoa que já será cobrada.

O perdão me libertou e eu decidi que continuaria amando as pessoas, mesmo que passasse por momentos de raiva. Eu não poderia carregar dentro do meu peito um sentimento que me faria mal.

Embora os obstáculos parecessem quase intransponíveis, quando eu começava a enxergar possibilidades de recomeço, e quando a chama da esperança se acendia, era como se um jato de água gelada tentasse apagá-la, surgindo de lugares inesperados. Conforme eu ia me fortalecendo, esses obstáculos iam parecendo pequenas pedras que ficavam para trás. Quando decidi perdoar o ocorrido na empresa, era como se um peso ficasse para trás e eu ganhasse ain-

da mais velocidade e força no caminho que conseguia enxergar. Eu sabia que estava saindo do deserto, tinha plena convicção de que estava perto e não havia quem me dissuadisse do contrário. Sabia que era questão de tempo e, acima de tudo, que precisava persistir com fé, paixão, fortalecendo minhas crenças e me sobressaindo com uma atitude acima da média.

Foi também em janeiro que as coisas começaram a mudar, e eu nem sabia o que seria isso. Nesse momento entrou uma pessoa-chave em minha vida. Um homem chamado Arnaldo Peixoto, por quem tenho imensa gratidão, que foi apresentado por Claudio Henrique, amigo especial, a quem sou extremamente grato, e líder da Hinode. Foi durante uma ligação do Claudio que eu soube da existência do Arnaldo:

– Sandro, queria que você conhecesse uma pessoa, o Arnaldo Peixoto. Ele entende muito de marketing multinível.

Minha confiança nele era extrema, só que ficamos alguns segundos em silêncio no telefone, e ele continuou:

– Só que ele está em Fortaleza.

Perguntei como falaríamos com ele, e Claudio respondeu, com firmeza:

– Nós vamos dar um jeito.

Começou uma saga fantástica em busca de uma espécie de mentoria do Arnaldo. O Claudio conversou com ele pelo telefone, e ele disse que faria naquela semana um trabalho em Taubaté e voltaria da cidade para Cumbica, aeroporto de São Paulo, em Guarulhos. Lá poderia conversar comigo. Eu sabia que seria uma conversa rápida, já que era um momento de conexão entre os voos e o Arnaldo teria pouco tempo para nosso bate-papo.

Quando o Claudio me notificou sobre aquela possibilidade, eu imediatamente chamei a Crisciane para que me acompanhasse, e o Claudio resolveu que iria conosco. O Claudio Henrique saiu do Rio de Janeiro, de ônibus, já que naquela época de vacas magras não tinha grana nem para pagar passagem aérea. Nós nos encontramos na rodoviária do Tietê e seguimos pela Marginal até Guarulhos.

Foi no aeroporto, entre voos e conexões, que conheci um cara que despertaria em mim o ideal de voar mais longe. Poucos minutos se transformaram em mais de três horas de conversa. O Arnaldo

quase perdeu o voo para Fortaleza depois de dedicar generosamente seu tempo para me ajudar. Eu sentia que tinha encontrado a chave que faria com que algumas engrenagens rodassem.

Mesmo que ele não me desse nenhuma saída, a conversa e o acolhimento tinham feito toda a diferença para que eu pudesse conectar os pontos. Nessa conversa, eu tive o clique que mudou tudo. Eu literalmente sabia o que devia ser feito. Aquela ajuda era ainda mais surpreendente, porque eu não tinha sequer como pagar uma consultoria. Na verdade, em períodos que estamos numa fase ruim geralmente identificamos as pessoas que estão dispostas a ficar ao nosso lado. Se ficarmos bem atentos, mantivermos a atitude correta e permanecermos no foco, percebemos as boas pessoas e as melhores opções.

Ele me deu o tempo dele e, com uma conversa com ele, tive um clique na hora. Tinha 300 reais e dei para o Claudio, pelo menos para pagar a passagem de volta para o Rio. Na época, ele ainda morava em Bangu.

Na volta para casa, conversando com a Crisciane, eu disse a ela:
– Cris, achamos.

Ela parecia tão entusiasmada quanto eu e resolvemos reunir os líderes da companhia. Não todos eles, como tínhamos feito em 2008, mas apenas alguns. Estavam a Dielza Maria da Silva, o Ricardo Nascimento, a Marcia Lombardi, Eliene Palma, Danielli Carvalho, Marco Antônio, Josi Almeida, Genisson Carvalho, Jacqueline Palma, Claudio Henrique, Rosana Teixeira, Carla Elaine, Fabio de Jesus, Leonice Colloca e Othelo, todos com muitos anos de Hinode. A Dielza, por exemplo, era a pessoa que tinha patrocinado minha mãe nas vendas diretas, ou seja, estava desde o primeiro dia da companhia.

Eu e a Cris, grávida, desenhamos numa folha de papel o que iríamos mudar e levamos todo o pessoal para um sítio em Tatuí, onde fiz uma apresentação do negócio. Todo mundo sabia de tudo, porque prezávamos pela transparência do negócio. Em toda história da Hinode tínhamos feito dessa forma e por isso existia uma certa cumplicidade entre todos nós. Então, eis que uma das participantes da reunião, a Danielli Carvalho, que hoje é Imperial Two Star da Hinode, se levanta e pede um momento para falar, antes mesmo da minha explicação:

– Sandro, posso falar um negócio?

Todos ficaram em silêncio, e eu respondi que podia, porque em nossas reuniões, em toda a história da Companhia e em toda a Hinode, a transparência e a parceria sempre falavam mais alto.

– Olha, eu sei que posso falar em meu nome e em nome dos meus amigos. De verdade, eu não sei o que você vai falar, não me importa o que vai falar, eu só quero dizer uma coisa pra você, pra Cris, pra Dona Adelaide e pro senhor Francisco, no que depender da gente, a Hinode não acaba.

Eu lembro de sentir algo extraordinário explodindo dentro do peito. Era uma emoção e satisfação aliadas à intensa felicidade de estar rodeado de pessoas que acreditavam no negócio e em mim. Antes que eu pudesse expressar a gratidão por suas palavras, ela prosseguiu:

– Se eu tiver que não voltar pra Recife, minha cidade, se eu tiver que sair daqui e ir pra aquela fábrica envasar produto, você pode contar comigo para o resto da minha vida, mas a Hinode não acaba.

Meus olhos marejaram e comecei a explicar onde nossa visão queria levar a Hinode. Naquele dia, fiz a apresentação do que almejava para a Hinode. Quando terminei, o Genisson Carvalho pediu um momento. Enquanto ele se levantava, toda nossa trajetória passava pela minha mente. Eu o tinha conhecido no toalete de um evento em Aracaju, em 2008, onde ele era garçom. Naquela noite, antes do evento, eu tinha ido ao toalete e, enquanto lavava as mãos na pia, vi no espelho um garoto se matando para fazer o nó da gravata. Me aproximei e ele me contou que, além de garçom, era cantor do restaurante. Diante daquela figura incrível, eu perguntei:

– Eu posso te ajudar?

– Você dá o nó para mim? – ele falou.

Me lembro que olhei nos olhos dele, sorri e respondi:

– Não, eu não vou fazer o nó pra você. Vou te ensinar a dar o nó na gravata.

Daquela noite em diante, o Genisson e eu tínhamos nos tornado amigos, e ele passou a trabalhar na Hinode, porque eu tinha visto que aquele rapaz tinha uma atitude diferente. Naquela mesma noite, após o evento, eu perguntei pra ele, que insistia que trabalharia conosco:

– Quanto você quer ganhar com a Hinode?

E ele havia dito:

– Quero ganhar 200 mil reais por mês e vou.

Abri um sorriso e entendi que se tratava de um cara com a atitude e a crença que combinavam com o estilo que eu queria incorporar aos líderes. Mas ele pegou justo a fase que estávamos entrando no deserto e andava com um Uno que tinha busca e apreensão, porque ele e a esposa, Jaqueline Palma, não conseguiam pagar trabalhando, vendendo produto. O valor era altíssimo, mas mesmo na época eu não disse que era impossível e que ele não ganharia. Ao contrário, disse que não seria fácil, mas não era impossível. Quando ele pediu a palavra na nossa reunião, eu sabia que não diria nada em vão.

– Sandro, deixa eu falar um negócio para você, que é meu amigo e líder...

Todos estavam ansiosos e as emoções também estavam à flor da pele, porque desde 2008 eu tentava de tudo para melhorar as coisas e estávamos diante de um cenário em que ninguém mais tinha dinheiro para pagar as contas.

– Sandro, cara, me desculpa, eu não tô vendo o que você está vendo, eu não consigo, cara, de verdade. Eu me esforço, mas eu não consigo ver o que você está vendo.

Eu sabia que ele me via como o cara que ensinava a dar o nó na gravata e não faria o nó por ele. O Genisson era um dos que me viam como líder, como mentor da vida dele. Para ele, era muito necessário enxergar aquilo que eu estava enxergando, porque senão ele não conseguia fazer o "nó da gravata".

Ele suspirou e todos ficaram mudos. Era uma fase que eles vendiam produto no interior de Aracaju e, quando chegava a hora do almoço, ele e a esposa, Jaqueline, encostavam o carro embaixo de uma árvore, abriam o porta-luva e apanhavam o almoço deles, que era um pacote de bolacha água e sal.

Ele sempre andava pela minha visão. Essa passagem foi tão forte na minha vida que escrevi no início do livro e faço questão de repeti-la aqui para você. Nesse dia, ele falou exatamente isto para mim:

– Sandro, eu não estou vendo o que você está vendo, cara, eu estou me esforçando, você sabe o quanto eu me esforço, mas eu decidi que

não vou caminhar pela minha visão, vou caminhar pela sua. Eu escolhi caminhar por aquilo que você enxerga e não por aquilo que eu enxergo, estamos juntos, conta comigo. Aponte o caminho e a direção que eu e a Jaqueline vamos percorrer com velocidade e intensidade.

Diante dessa frase, sabendo que era esse nível de responsabilidade que eu tinha para conduzi-lo, deixei escapar uma lágrima. O impacto emocional tinha sido muito forte e intenso.

– Cara, eu não estou vendo, mas me diga para onde eu tenho que ir. Me diga aquilo que tenho que fazer, não importa se eu estou vendo ou não, se você disser, eu vou fazer.

Desde pequeno eu sabia que de alguma forma as pessoas me seguiam. Eu exercia uma liderança natural na turma porque sempre queria fazer diferente, eu só queria influenciar positivamente as pessoas e fazer algo importante por todos. Desde cedo as pessoas me seguiam, os meninos me seguiam, as meninas me seguiam, a galera da escola me seguia, os meus amigos me seguiam, no trabalho as pessoas também tinham facilidade em me seguir.

Mas ouvir o Genisson, um cara que eu tinha conhecido no toalete de um evento em Aracaju, colocar a vida dele na minha mão, um cara que estava comendo bolacha água e sal no almoço porque não tinha como comprar mais nada, era uma coisa muito forte. Naquele dia, vi que a liderança tinha um preço.

Foi nesse dia que vivi a experiência da grande virada.

Eu sabia muito de venda, de produto, mas tinha começado a fazer um negócio empreendedor, com um time que não tinha uma visão empreendedora, num país que ninguém sabia empreender e onde as pessoas não tinham onde aprender uma atitude empreendedora, num país com a cultura do emprego.

Foi então que comecei a mostrar a eles o que era ter uma atitude empreendedora. Isso para mim é empreender, porque toda vez que você faz um pouco melhor, você gera valor. Empreendedorismo é gerar valor para a sociedade. E isso eu não tinha em 2008, quando entramos no marketing multinível. Eu tinha uma equipe de venda, eu tinha uma equipe de pessoas que estavam pegando produto e vendendo produto, e eles não tinham atitude empreendedora.

Eu era empreendedor, os meus 40 líderes eram empreendedores, mas só nós conseguíamos ver como aquilo ia para frente. O segredo

do sucesso consistia em fazer como Dona Ana Sueli, professora do ginásio, fazia conosco, quando éramos crianças, sem filtro nenhum. Olhar para as pessoas sem nos importarmos se eram garçons ou médicos. A minha professora lá na 5ª série olhava para todos os alunos da sala e dizia:

– Você pode ser um aluno melhor. Você pode fazer melhor, você pode tirar uma nota melhor.

Eu queria que todas as pessoas olhassem umas para as outras como aquela professora nos observava, confiando no potencial infinito e ilimitado que o ser humano tinha, quando acreditava em algo que os movia. Naquele dia, eu disse a todos eles:

– Decidam. Vamos decidir ser melhores. Vamos pagar o preço. O sucesso começa numa decisão, é uma questão de decisão. O sucesso é uma questão de decisão.

Depois de ouvir o quanto a Danielle confiava em mim e sabendo como o Genisson caminharia mesmo sem enxergar, através da minha visão, eu sabia que poderíamos atravessar o deserto até o fim e chegar onde queríamos.

Cheguei em casa, olhei para trás e vi todo o percurso que tinha feito. Olhando pro Alto, agradecendo por ainda ter fé, apesar de não enxergar onde podia chegar, por fazer com que as pessoas conseguissem ver o que eu via, mesmo que só em sonho, eu agradeci cada passo da minha jornada e escrevi a minha meta num papel. Aquela não parecia ser uma miragem.

Quando percebi que poderia sair do deserto, entendi que atravessá-lo tinha sido extremamente necessário.

NESTE MUNDO VOCÊS TERÃO AFLIÇÕES; CONTUDO, TENHAM ÂNIMO! EU VENCI O MUNDO.

JOÃO 16:33

Se hoje estou aqui escrevendo este livro, na mesa da presidência de uma empresa cujo faturamento diário é dez vezes maior que o número que anotei como meta num papel em determinada tarde, é porque decidi pagar o preço.

Por isso eu digo para você: o tamanho da vitória é exatamente do tamanho do seu comprometimento, é do tamanho do preço que você pagou. Se você pagou um preço alto, a sua vitória será alta, pode apostar nisso.

Naquela época, diante de uma equipe que não pensava duas vezes antes de me seguir, eu virei a chave mais uma vez e juntei uma estratégia de venda muito forte com um treinamento que nunca tínhamos feito. A ideia era treinar e desenvolver essa atitude empreendedora nas pessoas que estavam em qualquer posição dentro da rede de consultores Hinode.

Eu sabia que éramos todos carentes de sistemas que nos apoiassem no desenvolvimento profissional e pessoal, especialmente no Brasil, onde não existia a cultura de apoio à atitude empreendedora.

Na minha visão, esses seriam os sistemas de capacitação. Era nítido que as pessoas precisariam estar conectadas num modelo de

desenvolvimento que poderia ensiná-las a desenvolver e principalmente aplicar o que chamo de ATITUDE EMPREENDEDORA.

Estávamos convictos de que deveríamos fazê-las entender o que era gerar valor todos os dias. O sistema de treinamento que adotamos era um conjunto de ferramentas tangíveis e intangíveis que colocávamos à disposição dos distribuidores para que pudéssemos criar uma estrutura sólida e de longo prazo.

Portanto, começamos o nosso Sistema de Treinamento através de um modelo educativo baseado puramente na experiência dos que fizeram, ou seja, muita prática e pouca teoria.

Naquela época, já sabíamos que o Sistema de Treinamento da Hinode se tornaria muito eficiente, porque, assim como nas grandes universidades, quem ensina teve experiência prática no que está ensinando.

As premissas do Sistema de Treinamento eram claras: queríamos preservar nossos valores universais: a família, o trabalho em equipe, a honestidade, a igualdade, a vontade de querer ser melhor todos os dias, o respeito pelas pessoas, lealdade, gratidão, estar sempre disposto a ajudar.

Ensinamos como ser um profissional melhor apenas tendo a ATITUDE CORRETA pelo tempo necessário. Acreditamos que o "sucesso não resiste ao trabalho árduo e duradouro". Foi nesse período que entendemos que desistir jamais seria uma opção e deveríamos colocar essa filosofia em nossa cartilha de trabalho.

Hoje, como presidente da empresa, digo constantemente que temos clareza de que devemos promover produtos todos os dias, mostrar o plano, que é apresentar o negócio Hinode diariamente e amar as pessoas. Todos os dias.

Ensinamos a todos a fazer isso todos os dias até dar certo, e todos que permanecem fazendo, que tomam a DECISÃO de ser MELHORES a cada dia, conseguem obter GRANDES RESULTADOS.

Fazemos tudo isso com dois ingredientes fundamentais: aprendizado de uma maneira simples de como fazer crescer um negócio e o crescimento pessoal. Se o distribuidor cresce economicamente, mas não cresce como Ser Humano, então digo que estamos construindo Castelos de Areia.

No Sistema de Treinamento da Hinode, geramos benefícios claros, como criar conhecimento em todos os níveis da companhia,

fazer os distribuidores crescerem tanto econômica como pessoalmente, praticar a humildade para saber que devemos ser 100% ensináveis, conhecer cada momento da nossa carreira, criar vínculos intangíveis (valores) entre distribuidores e a empresa.

Além disso, criamos disciplina nos distribuidores, líderes sólidos, conduzimos o negócio de forma que haja parceria entre os distribuidores e dedicamos nosso tempo para que todos os distribuidores tenham suas metas estabelecidas e sonhos definidos.

Estabelecemos planos de trabalho concretos e ensinamos que, muito mais do que motivação, o distribuidor Hinode precisa de disciplina. Não existe resultado sem trabalho árduo. Tudo que é bom e duradouro precisa de tempo e muita dedicação para ser construído.

Todos esses conceitos, que parecem simples, estavam longe de ser fáceis de ser atingidos, pois esse modelo não existia na nossa empresa até então.

Sabíamos muito de vendas de produtos e de relações pessoais. Todas essas atividades faziam parte da nossa vida, mas eram soltas, e não existia uma cultura de promoção através de um modelo organizado.

Foi assim que, com as dicas do Arnaldo Peixoto, criamos um modelo de franquias que dava capilaridade para esse negócio, aliada a uma distribuição incrível de produto. Tinha sido dessa forma que começávamos a construir o Sistema de Treinamento Hinode e lançávamos uma linha, na qual apostaríamos todas as nossas fichas, que se chamava: "Traduções".

Já tínhamos desenhado o plano, desenvolvemos o treinamento e decidimos que ensinaríamos as pessoas a empreender. Essa tinha sido a grande dica dada pelo Arnaldo Peixoto na conversa no aeroporto.

Juntamos estrategicamente pela primeira vez e para sempre aquelas que até hoje são as principais forças da Hinode:

– Missão Hinode.

– Amor incondicional pelas pessoas.

– Foco e respeito total pelas pessoas. Oferecer todos os dias motivos para que elas façam parte da família Hinode, como consultoras ou consumidores.

– Dividir para multiplicar.

– Produtos de altíssima qualidade para um consumidor cada vez mais exigente.
– Distribuição através das nossas franquias.
– Sistema de Treinamento.

Tínhamos em mente que as pessoas precisavam entender o quanto aquilo era legal porque precisariam empreender.

"Eu preciso falar para as pessoas que esse negócio é legal, porque as pessoas precisam aprender a empreender, têm de entender que precisam ser melhores. E não é empreender por querer apenas ganhar mais dinheiro, é empreender por querer se desenvolver como pessoa. Porque todo mundo que passa por esse negócio chamado Hinode pode até parar, mas não sai igual. A pessoa sai melhor, sai desenvolvida", eu dizia para a Cris, enquanto estávamos convictos de que aquele modelo faria diferença.

Novamente, a virada foi no dia 1º de junho, só que de 2012. O Arnaldo Peixoto tinha acreditado tanto na nossa história e principalmente na crença de que construiríamos algo nunca antes visto no Marketing Multinível, o MMN, no Brasil, que aceitou trabalhar como nosso VP de Franquias, e a implantação do modelo acabou ficando a cargo dele.

Nessa época eu tinha na minha sala uma faixa grande, que dizia: "Rumo a R$ 1 milhão". Esse sempre foi o número que mexeu com o meu coração.

Quando finalmente começamos a ensinar isso para as pessoas, juntei o modelo de franquia, redesenhei o plano e, junto com isso, Deus enviou dois caras incríveis, que começaram a fazer parte da minha história: o Evandro Viana, que hoje é o maior Titan da Hinode, e o Elton Oshiro, patrocinador do Evandro e hoje Imperial 3 Stars da Hinode.

O Elton me ligou, conversamos durante horas ao telefone, e ele me perguntou se eu iria para Campo Grande, cidade onde ele morava, nos dias que se seguiriam. Eu disse que não, mas que em alguns dias eu estaria num evento em Goiânia, que era o mais perto que chegaria de Campo Grande. Ele prontamente disse que me encontraria lá e levaria um amigo.

No dia em que eles me conheceram, eu achei que fossem chegar no final do evento, mas lá estavam eles logo cedo no fundo da sala.

Eu estava fazendo o evento com a mesma energia que faço hoje, sem nunca diminuir a intensidade.

Entreguei um prêmio, que eram dois tanquinhos de lavar roupa, e o Evandro ficou encantado. Ele me disse logo depois o que pensou na hora: "Cara, o que me encantou foi você com aquela energia toda pra dar dois tanquinhos".

Segundo ele, passou por sua cabeça de imediato: "Ou esse cara é completamente maluco ou tem uma coisa incrível, porque eu nunca vi ninguém com tanta energia para entregar dois tanquinhos".

Eu confesso que, mesmo tendo entregue um Lamborghini ao Evandro como prêmio, anos depois, aquele carro não foi entregue com mais intensidade do que os dois tanquinhos. Hoje sei que o verdadeiro valor não está nas coisas, e sim nas ações e principalmente nas pessoas.

O que o Elton e o Evandro fizeram por mim naquela tarde foi o ponto que faltava para fechar o negócio. Eles trouxeram jovialidade, experiência da empresa americana de marketing multinível focada no mérito e no reconhecimento.

No ano em que tivemos a grande virada, eu estava apostando alto. Encarava todos os dias a faixa na minha sala, onde estava escrito: "Rumo a 1 milhão". Era um projeto ousado, já que eu nunca tinha batido esse número na minha história. Para a fábrica ser autossustentável eu precisava de, no mínimo, 300 mil reais por mês.

O dinheiro que entrava na Hinode, quando estávamos no deserto, mal dava para pagar aluguel, folha de pagamento, e muito menos produto.

Foi em agosto de 2012, mês em que o Evandro e o Elton começaram, que a faixa se tornou realidade. Era como um sonho sendo realizado. Como se, caminhando no deserto durante dias e noites, com fome e frio, finalmente encontrássemos um oásis.

A sensação foi fantástica. Tínhamos um sino que tocávamos cada vez que o Arnaldo vendia uma franquia e, quando batemos 1 milhão, o Arthur, que tinha sido meu professor e vivenciara toda a derrocada, firmemente acreditando conosco que superaríamos aquela fase, pegou esse sino e arrancou da parede, tamanha a força com que ele tocava.

Hoje eu sei o quanto é importante valorizar quem esteve ao nosso lado quando estivemos na época de vacas magras. Pessoas que não desistiram, mesmo com todas as possibilidades aparentemente limitadas. Eu e o Arthur nos abraçamos e começamos a chorar. Lembrávamos das previsões, do medo, da fé. Lembrávamos, sobretudo, do quanto tínhamos acreditado, apesar de todas as possibilidades parecerem esgotar-se.

Sentei diante do computador e escrevi o e-mail, enquanto as lágrimas ainda saltavam dos olhos:

> *"Bom dia amigos e grandes líderes.*
> *Como nós prevíamos, a sexta-feira foi realmente um dia histórico. Conseguimos (enfim) ultrapassar a marca de 1.000.000 em vendas.*
> *Alcançamos no mês de agosto a marca de R$ 1.003.275,42. VIVA!!!! UHUUUHUUUU!!!!*
> *Muito obrigado pelo empenho e pela dedicação de todos vocês. Saibam que somente através dessa 'força e fé' é que foi possível atingir essa marca.*
> *Estamos todos muito felizes. Vocês são especiais.*
> *Agora tudo fica mais fácil, e as próximas metas serão alcançadas muito mais rápido.*
> *Agora vamos buscar a próxima marca: 2.000.000. ESTAMOS CHEGANDO!!!!!*
> *Quero também agradecer de forma especial a todas as pessoas que trabalham nos 'bastidores' para que nossa rede possa brilhar.*
> *Obrigado a todos da fábrica, logística, administração e CDs, sem vocês isso não seria possível!!*
> *Obrigado D. Adelaide e Sr. Francisco, porque vocês um dia ousaram sonhar com algo melhor e por conta desse dia estamos aqui hoje!!*
> *Vamos comemorar bastante e durante a comemoração já pensarmos nas estratégias para a próxima meta.*
> *Abraços e muito sucesso a todos!!!!*
> *DEUS os abençoe grandemente!!!!"*

Esperamos exatos 23 anos e 10 meses para alcançar essa marca histórica. Tinham sido quase 24 anos de dedicação, crença absurda, atitude sempre acima da média e muita resiliência, característica que faz muita falta na maioria das pessoas nos dias de hoje.

Percebo cada vez mais pessoas desistindo dos seus sonhos não porque não sejam talentosas e trabalhadoras, e sim porque não são resilientes o tempo necessário.

A maioria quer um resultado espetacular e acima da média num prazo curto de tempo. Já vi vários casos na Hinode, em que pessoas desistiram porque não alcançaram a qualificação de Diamante em 6 meses. Quando vejo isso, me pergunto: "Como assim?! Eu esperei e trabalhei incansavelmente durante quase 24 anos para 'bater o nosso Diamante'".

Não existe sucesso sem muito tempo de dedicação. Quanto é esse tempo? O necessário para alcançar. Enquanto você não chegar lá, não deve parar. Seja resiliente, os seus sonhos merecem!

Hoje, a Hinode fatura por volta de 10 vezes mais do que isso por dia. Tivemos um crescimento superior a 30.000% em cinco anos. Nem no meu melhor sonho eu acreditava que um dia isso seria possível.

Nosso planejamento "pé no chão" dizia que em 2018 nosso faturamento seria de 5 milhões de reais por mês. Diante disso, eu sei que as minhas escolhas determinaram o meu sucesso. Eu escolhi fazer o certo.

Sempre digo para os meus filhos que a vida os colocará em inúmeras situações. Ela vai apresentar algumas coisas que seguramente não são boas. Nesse momento, lembre-se de uma coisa: você tem sempre uma outra escolha, sempre pode dizer não.

Sempre que sou assaltado pela questão de soberba, sei que não quero nunca perder a humildade por causa do sucesso. Porque para mim as coisas mais importantes desse negócio são as pessoas. Eu adoro as pessoas, eu sou apaixonado pelas pessoas, eu vou aos meus eventos para 40 mil pessoas e adoro estar com elas. Adoro estar com a família Hinode. Isso me move.

Se você que está lendo o livro tem um grande sonho, e isso te movimenta, acredite nele. Para todos da família Hinode que chegam até mim com um sonho, eu digo: "Se você me contar o seu

sonho, esse sonho vai passar a ser meu, eu vou trabalhar incansavelmente para esse sonho ser realizado".

Sobre o deserto que atravessei? Olhando para o tamanho da minha recompensa, acredito que a vida, a caminhada, terá muito mais derrota do que vitória. É assim. A vitória quando vem é muito valiosa e tem um sabor que supera tudo aquilo que você passou.

Se você está no deserto, tem que pagar o preço.

A história da Hinode não é apenas uma história de superações, crescimento e sucesso. Ela ensina como uma empresa pode ser construída com um olhar humano e pode ser fruto de uma chama ardente que vibra no coração das pessoas. Ela mostra que é possível manter os valores sem sacrificar a família, o respeito e a fé.

Seja obstinado. Pague o preço. Atravesse o deserto com fé, mesmo com medo. Caminhe. Eu garanto que você irá vencer.

ENTÃO OS HOMENS COMENTARÃO: "DE FATO OS JUSTOS TÊM A SUA RECOMPENSA; COM CERTEZA HÁ UM DEUS QUE FAZ JUSTIÇA NA TERRA".

SALMOS 58:11

OS TRÊS PILARES DO MARKETING MULTINÍVEL

Existem três pilares fundamentais numa empresa de marketing multinível. O primeiro deles é um bom plano. Um plano justo e compensador que remunere de forma eficiente e pague muito para muitos. Não adianta pagar muito para poucos.

Costumo dizer que plano de marketing e recompensa são fundamentais. Mas o que acontece neste mercado é que 80% das pessoas só analisam o plano. Uns passam a vida toda como rato na gaiola, rodando numa rodinha sem ir para lugar algum. Estes olham para a empresa que paga mais, depois para a outra e assim sucessivamente, olhando apenas para um aspecto da empresa.

O segundo pilar é produto de consumo. Comecei esta empresa com a minha mãe, subindo e descendo de ônibus com sacolas na mão vendendo produto. Por isso, acredito que multinível funciona quando se tem produtos de consumo recorrente para uma cartela de clientes.

Eu acredito em produtos – o que funciona, como prova minha história –, mas a empresa de marketing multinível também pode oferecer serviços recorrentes.

Cerca de 80% das pessoas olham o primeiro pilar e apenas 5%, o segundo. Temos 95% das pessoas olhando para plano e produto.

Mas o mais importante de todos os pilares, tão importante que eu considero o PILAR que sustenta toda a estrutura, mas para o qual apenas 5% das pessoas olham, é o terceiro pilar: as pessoas.

Costumo dizer o seguinte: qual é o grande diferencial da Hinode em relação a qualquer outra empresa do mercado hoje? Por que a Hinode inspira a confiança de milhares e milhares de pessoas? Porque, se hoje um bilionário acordar com a ideia de montar uma empresa de marketing multinível, ele poderá fazer isso. Pode construir uma empresa baseada apenas em dois pilares. Ele pode pegar todo o dinheiro dele, contratar os melhores especialistas do mercado para desenhar um bom plano e comprar a melhor fábrica do mundo que o dinheiro pode adquirir.

Só que nem todo o dinheiro do mundo pode comprar uma história. Dinheiro não compra quilômetro rodado.

E quando eu convido pessoas para fazer parte da Hinode, tenho total consciência do que significa projeto de vida. Eu não consigo vender aquilo em que não acredito.

Quando você convida alguém para fazer o seu negócio, sabe que a empresa é bacana, tem 30 anos de mercado, mas muitas vezes a pessoa não conhece a Hinode. Por que ela entra?

Porque existe um ponto de credibilidade – esse ponto é você. O ponto de credibilidade na hora de mostrar o plano é a pessoa que está mostrando o plano. Temos total consciência do que significa projeto de vida; significa construir algo para longo prazo.

O terceiro pilar para o qual apenas 5% das pessoas olham – e são exatamente os 5% dos líderes que fizeram sucesso na história do multinível mundial – é aquele no qual todos estão ligados fortemente por uma empresa. Eles não ficaram pulando de galho em galho.

Acredito 100% em cada palavra escrita neste livro. Não acredito 99%. Acredito 100% e, quando falo em projeto de vida, sei que isso não significa apenas pessoas do seu contato íntimo. Projeto de

vida significa todas as pessoas que você influenciará daqui até o dia em que Deus te chamar.

Quando você fala em confiar seu projeto de vida a uma oportunidade, precisa saber quem são as pessoas que estão por trás disso. Será que são pessoas com os mesmos valores que os seus?

Esse é o diferencial da Hinode. Somos verdadeiramente estas pessoas. Portanto, o terceiro pilar é constituído de pessoas, e você deve se perguntar com quem irá se aliar. Isso é fundamental, e a maioria das pessoas não olha para isso.

Ganhar dinheiro é mérito de quem está desenvolvendo um negócio, e a Hinode é uma grande oportunidade que facilita seu trabalho, mas não é só isso. Quem ganha mais dinheiro nesse negócio é aquela que não faz pelo dinheiro, é aquela que sabe que dinheiro é importante, mas não é o dinheiro que a movimenta.

Estas são as pessoas que fazem sucesso. Não adianta ficar procurando a empresa que paga mais ou aquela que pode dar o melhor prêmio.

Hoje, olho para todos aqueles que fazem Hinode, não importa o momento da carreira em que a pessoa estiver: esteja ela orando a Deus para que o cliente pague à vista para que ela possa arcar com os custos do aluguel, ou se é um diamante, e digo: "nós já vivemos o que você viveu".

Não ganhamos dinheiro com construção civil. Somos formados através da decisão de uma costureira e de um torneiro mecânico que sabiam e decidiram aprender a vender produtos e construir equipe de vendas.

Apenas 5% das pessoas que fazem multinível alcançam o sucesso pleno. Onde essa pessoa enxerga e coloca paixão, a crença e o tamanho da atitude dela?

As pessoas envolvidas na Hinode têm plena clareza do que significa a missão Hinode. Nesse negócio, para ter sucesso, você precisa aprender a promover produto, mostrar plano e, acima de tudo, amar as pessoas.

Você precisa gostar de gente. Gostar de gente é se importar com cada pessoa que está diante de você. Isso é um caminho para ser um líder de sucesso, porque um verdadeiro líder reconhece que todas as pessoas são especiais e ama as pessoas. Jesus era um ver-

dadeiro líder e disse exatamente isso: "Amarás o teu próximo como a ti mesmo. Não há mandamento maior do que este".

Tudo se resume a isso, isso é liderança, e esse é o grande pilar de como é formada uma empresa de marketing multinível na minha visão. Ninguém será feliz 80%. Ninguém vai ser feliz 95%.

A felicidade é plenitude e você precisa ser pleno, 100% feliz!!

PAIXÃO, CRENÇA E ATITUDE: 3 PALAVRAS QUE DEFINEM MINHA VIDA

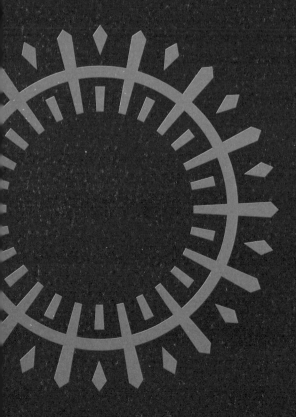

QUANDO VOCÊ ATRAVESSAR AS ÁGUAS, EU ESTAREI COM VOCÊ; QUANDO VOCÊ ATRAVESSAR OS RIOS, ELES NÃO O ENCOBRIRÃO; QUANDO VOCÊ ANDAR ATRAVÉS DO FOGO, NÃO SE QUEIMARÁ; AS CHAMAS NÃO O DEIXARÃO EM BRASAS.

ISAÍAS 43:2

PAIXÃO

Estávamos em dezembro de 2017, e o evento começaria exatamente às nove da manhã, mas eu já tinha tido notícias animadoras. Desde a noite anterior havia pessoas acampadas na porta aguardando a abertura dos portões que dariam acesso à Primeira Convenção Internacional da Hinode.

O público esperado era de 40 mil pessoas. Pessoas que tinham percorrido quilômetros de carro, vindo de todas as cidades do Brasil e muitas, de outras partes do mundo, como Peru e Colômbia, onde já tínhamos começado nossa expansão internacional. Todos estavam ali, depositando toda a sua esperança no futuro que eu, meus pais e irmãos tínhamos para oferecer.

Eu sabia, acima de tudo, que não podia brincar com a esperança. Numa época em que o Brasil vivia um momento turbulento na economia e todos os cenários apontavam para um aumento no número de desempregados, era na promessa de uma vida melhor que as pessoas se agarravam, quando colocavam sua confiança na Hinode, e eu sabia que precisava honrar essa expectativa. Sabia

que jamais poderia brincar com sonhos, sobretudo os sonhos de outras pessoas.

Justo eu, que sabia que nada que era bom ou duradouro era fácil, me comovia profundamente com a obstinação de cada um daqueles que tinham chegado até ali. A Convenção para 40 mil pessoas era a materialização de uma visão. A realização de um sonho grande que eu tinha tido, quando apenas dizia que a Hinode seria uma empresa grande.

– Grande como? – perguntavam aqueles que se guiavam pela minha visão.

– Gigante – eu descrevia, como se pudesse enxergar algo que minha imaginação conseguia criar.

Só que eu estava ali, vivendo aquele momento cheio de intensidade no qual aquela visão se concretizava. Dizem que existe um termo que se chama *profecia autorrealizável*. É quando acreditamos em algo com tanta paixão que aquilo inevitavelmente acontece, porque acabamos colocando toda a nossa energia nas nossas ações.

Eu não sabia disso, quando comecei a colocar paixão nas coisas que fazia. Aliás, eu só sabia que, quando estava movido pela paixão, conseguia feitos inacreditáveis.

Naquele dia do evento, quando pousei o helicóptero, presenciei o futuro acontecendo no presente, entendi o significado da palavra "presente". Era como se eu tivesse sido presenteado pela vida, que respondia aos meus saltos de fé.

Enquanto via aquele sonho vivo diante dos meus olhos que se enchiam de lágrimas, todo aquele filme da trajetória que tínhamos percorrido até ali passou pela minha cabeça. Lembrava-me daquele jovem menino que tinha começado na garagem de casa envasando produto, daquela costureira que tecia sonhos e resolvera num ato de coragem vender suas máquinas de costura para dar vida a um propósito, daquele torneiro mecânico que tinha apostado todas as suas fichas numa visão de negócio. Eu me orgulhava de quem tinha sido e de como tinha me tornado a pessoa que eu era. Relembrar as minhas origens fazia com que eu honrasse meu passado e cada segundo de dificuldade que eventualmente tivesse enfrentado.

Era através daquela prova que eu sentia que cada quilômetro extra caminhado tinha feito sentido, porque aquela era a estrada

que eu precisava percorrer. Aquele era meu caminho, e eu tinha conseguido criar o caminho que queria para obter os resultados que desejava.

Eu lembrava, sobretudo, dos inúmeros obstáculos que tínhamos enfrentado juntos. De todas as barreiras que pareciam intransponíveis, quando se apresentavam, e pensava em como as grandes realizações eram sempre fruto de grandes sacrifícios.

Antes de sair do helicóptero, fiquei observando o olhar das pessoas que estavam ali. Muitas delas tinham tido noites insones nas rodoviárias, juntando um montante de dinheiro para que pudessem compartilhar da visão que tínhamos do futuro. Aquelas pessoas estavam saindo de algum lugar. Talvez estivessem atravessando ou saindo de seus desertos, talvez estivessem em busca de água fresca para comungar de uma vida mais justa. Eram pessoas que exalavam confiança e estavam determinadas a buscar o melhor para suas famílias. Pessoas movidas por um "porquê" nunca perguntam "como" chegar onde querem. Elas simplesmente pagam o preço e seguem adiante, como se não houvesse qualquer possibilidade de voltar atrás.

Elas atravessam a ponte e queimam a ponte, como Dona Adelaide tinha feito, quando decidira acreditar que havia um sol nascente no horizonte. Cada célula do meu corpo estava energizada, como se o entusiasmo que corria nas minhas veias pudesse ser contagiante. Eu sabia que, de alguma forma, a paixão que movera meus pais e a mim tinha sido a mola propulsora para que aquele dia tivesse sido possível. E era de paixão que iríamos incendiar aqueles corações que estavam carentes de mudança e repletos de expectativa e esperança.

O fio da memória inevitavelmente fez com que eu me recordasse do meu ponto de partida. Suspirei. Eu tinha me apoiado com confiança em mim mesmo e instigado com a iniciativa em colocar um plano em ação. Mas antes de atingir o estágio de ação, eu tinha passado por um longo processo que possibilitara muito aprendizado. Sabia, desde sempre, que não era de palavras que precisávamos, mas sim de atos. Se ambos não estivessem em harmonia, haveria contratempos inevitáveis.

Ao subir ao palco e falar com as pessoas, eu deixava que o entusiasmo percorresse meu corpo e a paixão brotasse na minha voz. Eu

sentia que, nessas horas, a minha mente vibrava com intensidade e tudo de que eu precisava era que cada um que cruzasse meu caminho pudesse sentir exatamente o que eu sentia – uma paixão inesgotável pela vida que me movia sempre em direção ao progresso.

Olhei para o ponto em que eu estava e fiquei imaginando o que dizer para cada uma daquelas pessoas. Certamente, meu conselho mais útil e sensato seria que jamais se esquecessem do dia que tinham começado. O grande início era o pontapé inicial de tudo. Mesmo que o presente sempre trouxesse mais alegria, a gratidão pelo passado era o que alimentava e nutria a alma com o combustível de que precisávamos para seguir em frente.

Eu nunca me esqueci do dia que comecei, porque foi nesse dia que tive a grande vontade. A grande vontade sempre está no começo do trajeto.

Estar diante daquele número de pessoas com uma energia contagiante fazia com que eu tivesse a certeza de ter trilhado o caminho da maneira correta.

De fato, eu sabia que tinha sido um trabalho árduo o de oferecer para cada um deles o terreno ideal para que semeassem seus sonhos e de criar uma atmosfera e um ambiente propícios para que cada um daqueles indivíduos cheios de coragem pudesse prosperar.

Eu via ali homens e mulheres com foco, determinação e entusiasmo. Pessoas que não desistiam do que queriam e não aceitavam um não como resposta. Eram como soldados prontos para enfrentar uma batalha e a batalha era a vida, com suas dificuldades diárias e inúmeros percalços. Mas os soldados entravam no campo com garra e sabendo que iriam vencer.

Já tinha lido muitos autores que diziam sobre a eficácia do poder do pensamento e do desejo ardente. Sabia que, quando uma pessoa entrava em cena com um estado de certeza absoluta, era como se um séquito de anjos a acompanhasse. Era assim pelo menos que acontecia nas grandes batalhas: os soldados que iam mentalmente preparados sempre tinham um desempenho melhor do que aqueles que tinham treinado apenas o corpo físico. Era assim que acontecia com os grandes atletas: os que conquistavam suas medalhas tinham treinadores que os faziam visualizar a vitória. Era essa a

imagem mental que os fazia ter a gana de conquistar aquilo que estavam prontos para obter.

A todo momento, eu sabia que desenvolver a mentalidade das pessoas, para que conseguissem caminhar com as próprias pernas e levar aquele brilho no olhar para suas casas, era a alma do nosso negócio. A Hinode era uma família e, como toda família, existia um amor envolvido, um coração que pulsava com força e resistência.

Sabia que a Hinode vendia produtos de altíssima qualidade e essa era a base do nosso negócio e pisar num palco para falar com 40 mil pessoas simultaneamente e ao vivo era um ponto essencial nessa lição porque eu precisava insistir até ter a certeza de que todos compreendessem perfeitamente o princípio do nosso negócio.

Mesmo habituado a participar de grandes convenções e eventos, cada vez que eu subia ao palco, agradecia a Deus. Ele tinha, de fato, me dado muita coisa. Ele tinha me entregado muito mais do que eu imaginava receber.

Entendi que, à medida que ele ia entregando e eu abria os braços para receber, aquela energia nunca se esgotava. Isso me trazia a certeza de que eu poderia ir além. Estar cercado de pessoas sempre foi algo mágico para mim. Eu tinha percebido, desde o dia em que tentei morar sozinho na juventude, que eu gostava mesmo era de estar cercado de gente. Desde pequeno, tinha sido habituado a morar numa casa com uma família numerosa que, além de tudo, acolhia outros familiares e os inseria num contexto familiar trazendo princípios sólidos de que compartilhar era a melhor forma de comungar com Deus.

Eu sabia que, à medida que compartilhasse aquilo que me movia, era como se meu entusiasmo fosse retroalimentado e eu conseguisse, além de despertar esperança nos outros, criar uma redoma que me fizesse ter ainda mais força para seguir em frente. Era um campo de energia que me movia. Era a paixão, lançando chamas potentes que incendiavam os corações de quem me escutava.

Sempre tive facilidade de fazer com que as pessoas fossem contagiadas pelo espírito do meu entusiasmo. Lembro-me como se fosse ontem da sensação que me invadiu, quando cheguei nos amigos da rua e pedi que eles me ajudassem naquele novo trabalho quase artesanal que fazíamos quando começamos. Todos eles

tinham objetivos claros: queriam jogar bola, correr na rua, empinar pipa. No entanto, por algum motivo que hoje sei distinguir qual era, eles se atreviam a deixar de lado aquilo que apreciavam, para contribuir com a construção do meu sonho.

Hoje acredito que um dos fatores primordiais para quem quer ter sucesso é a capacidade de transferir emoções na voz. Um vendedor, por exemplo, pode demonstrar um produto sem muito sucesso com frieza, falando sobre os aspectos técnicos e visíveis daquele produto. Mas um bom vendedor sabe se expressar e quem consegue se dirigir ao outro com emoção acessa o coração e pode vender um batom, um sonho, um perfume ou uma visão. Um presente ou um futuro.

Talvez eu fosse isso desde sempre: um vendedor de sonhos. Vender sonhos era o que me movia, mas eu sabia que jamais poderia vender qualquer coisa que não pudesse entregar. Quando estava ali, distribuindo os bônus para uma equipe ou contando os feitos maravilhosos da empresa lucrativa que estávamos construindo, tínhamos a mais perfeita definição de sucesso. Sucesso era poder compartilhar uma visão e fazer com que as pessoas enxergassem esta mesma visão e pudessem se guiar através dela para obter os resultados que desejavam em suas vidas.

Talvez você esteja se perguntando se sabe quais resultados deseja em sua vida. Eu garanto que esta é uma pergunta genuína, porque só conseguimos caminhar em direção a algum lugar, quando sabemos onde queremos chegar.

Desde pequeno, eu sabia onde queria chegar. Era um garoto obstinado por tirar as melhores notas. Esse era o resultado que eu procurava alcançar e fazia o possível para conseguir. A minha ação trazia, inevitavelmente, o resultado ambicionado. Não bastava querer e ser apaixonado pela matéria. Eu precisava colocar a cabeça nos estudos.

Ser obstinado pelo que você pretende em sua vida é perseguir seus objetivos como se não houvesse nada que o impedisse de chegar até eles. Eu digo que, mesmo que existam competidores ao seu lado, não é desejando que eles se lesionem no meio do caminho que você garantirá a sua vitória. Ela deve ser mérito única e exclusivamente seu. Do seu treino, da sua paixão, da sua energia e vontade

de fazer com que aquilo que ambiciona seja seu. Eu sempre disse isso aos meus filhos. Se esforcem ao máximo, deem o melhor de vocês, porque com certeza a vitória e a recompensa virão. Nem eu, nem eles são dotados de QI acima da média, somos pessoas normais, mas o que nós temos acima da média é VONTADE DE VENCER, A PAIXÃO ACIMA DA MÉDIA. Com isso consegui contribuir para que meus filhos aprendessem que somente o esforço traz resultado e que, fazendo dessa forma e sendo pessoas normais, conseguiriam ter desempenho fora do normal / acima da média nos estudos. Conseguiram entrar nas principais faculdades do Brasil e do exterior, e estão se preparando para ser profissionais ainda melhores do que eu sou. Esse é o meu legado, ajudar as pessoas a serem melhores.

SEU SUCESSO NÃO DEPENDE DO FRACASSO DE NINGUÉM

Uma das minhas frases favoritas é "o meu sucesso não depende do fracasso de ninguém". Sempre soube que não precisava que ninguém fracassasse para que eu atingisse o sucesso.

A vida sempre me mostrou que o que vale não é chegar primeiro. O que vale é chegar. O mágico da vida é chegar. Atravessar a linha de chegada e olhar para trás, valorizando cada gota de suor, é algo que te transforma de todas as maneiras possíveis, porque você entende e valoriza cada fração de segundo do percurso e agradece a ele. Você é capaz de ter empatia por aqueles que ainda estão na linha de partida e querem chegar onde você conseguiu.

Quando subo ao palco e falo com a família Hinode, faço o possível para transmitir aquilo que fez com que eu chegasse onde estou hoje, porque não tem como queimar etapas na vida. Às vezes a subida é íngreme e dolorida. O deserto é seco. A vida não facilita as coisas para você. Então, o que fazer nos momentos em que pensa em desistir? Naquelas horas em que a fé parece faltar para dar mais um passo?

APAIXONAR-SE

Todos nós passamos por um deserto. Alguns nos fazem percorrer quilômetros, outros, meses. No meu caso, foram 1.460 dias. Des-

ses quatro anos caminhando incansavelmente, não havia um dia em que eu não tivesse absorvido um grande aprendizado. Mesmo que em alguns momentos eu não conseguisse enxergar o fim da linha, minha crença nunca se abalava. Eu tinha uma certeza absoluta de que aquilo ia dar certo.

Isso não quer dizer que eu não tinha medo ou fraquejava. Pelo contrário. Eu tinha medo, errava e tinha a mais profunda insegurança, quando batiam os momentos de desespero. Só que eu sabia que a fé era fazer e persistir, apesar do medo. Mesmo inseguro, mesmo sem acreditar. Aprendi desde muito cedo uma tática para agir mesmo com medo.

Sempre que eu estou numa situação em que tenho algum tipo de medo e em que sei que o resultado é extremamente positivo, mas que para ser alcançado é necessária a minha ação, eu penso: "Se eu não tivesse esse medo ou esse receio o que eu faria??". Nesse momento é criado um quadro mental onde eu me vejo fazendo aquilo que deve ser feito. Com isso crio forças e faço.

Estou falando sobre isso porque, com mais de 35 anos de vendas diretas e formação de equipe de vendas, já vi muitas pessoas abrirem mão de suas visões, seus sonhos e suas metas por conta do medo, especialmente o medo de ouvir NÃO. Muitas pessoas ficam paralisadas, não mostram o plano, nem oferecem produtos porque sentem medo do NÃO. Quando alguém me pergunta o que fazer para vencer isso, eu conto a minha tática e digo: agora vá lá e faça, mostre o plano e ofereça os produtos

Depois que atravessei esse período de desafios, as coisas que antes pareciam cobertas com um véu ficaram claras para mim. Comecei a entender o que tinha me movido até ali e percebi que o que tinha me movido não era a ânsia por dinheiro. Esse nunca tinha sido meu motivo.

Meu êxito tinha sido fundamentalmente construído através da paixão.

No deserto, eu tinha aprendido que dinheiro não era sinônimo de sucesso. Dinheiro era eventualmente a consequência de ter sucesso. Sucesso, ao meu ver, é muito maior do que isso. Dinheiro é consequência de um trabalho bem-feito, dedicação incansável, entrega, oportunidade certa.

Imagine que você tem uma escada e precisa subir e impreterivelmente apoiá-la em algum lugar para subir. Essa escada é a escada do sucesso e você tem que apoiá-la numa parede. Essa parede é a oportunidade. Se você não apoia sua escada numa parede que está muito sólida, uma oportunidade muito sólida, não adianta você ter a escada mais alta, você cairá porque parece que a parede vai tombar. E eu sempre quis fazer da Hinode essa parede muito sólida. A Hinode é essa parede muito sólida, onde todo mundo tem disposição de apoiar essa escada. Eu tenho certeza absoluta de que todo mundo que apoiar essa escada, pagar o preço, trabalhar muito forte, terá sua vida transformada.

Muitos dos que naufragaram na vida poderiam ter sido salvos se conseguissem reconhecer as paredes sólidas pelo caminho. Por isso, avalie bem. Sou muito grato a DEUS por ele ter permitido que eu e minha família construíssemos uma parede sólida chamada HINODE.

Hoje, tenho certeza de que meu entusiasmo não foi acidental. Eu nunca tinha sido um cara frio e sem vida. Eu sempre fora um apaixonado pela Hinode. A Paixão me movia desde o primeiro dia em que eu tinha embarcado naquele sonho de meus pais. A Paixão era como um combustível que me acelerava, quando eu pensava em parar e trazia constância, quando eu sentia que faltava um motor que me fizesse disparar em direção ao meu sonho. Era o impulso que me levava a colocar em ação os meus conhecimentos e aprendizados.

Hoje, vejo como ela ainda me fortalece, porque, mesmo que eu perca o sono, quando me dou conta do nível de responsabilidade com cada uma das pessoas que fazem parte da família Hinode, eu ainda contribuo com meus 100%, assim como fazia quando trabalhava na primeira fábrica com meia dúzia de funcionários.

Nunca entreguei menos do que 100%. Saber que o que você controla é o que pode entregar faz com que se dedique ao máximo para entregar o melhor para o outro e naquilo que faz. Como quando está apaixonado num relacionamento, que move montanhas para a pessoa amada, deveria colocar essa energia na vida que quer construir, para que ela seja possível. A entrega está diretamente relacionada com fé. Você só entrega quando tem fé de que existe algo que te ampara, mesmo quando não sabe como conseguir o que deseja.

É mais ou menos como aquela metáfora da estrada cheia de neblina. Mesmo iluminando com o farol, você não consegue ver a estrada toda, mas sabe que ela está ali, e continua indo adiante porque, mesmo que não veja a estrada, sabe que ela está debaixo do pneu.

Nem sempre conseguimos enxergar o futuro. Às vezes ele é nublado demais e aparentemente não existe qualquer horizonte possível. Mas como saber qual o destino exato, se não persistirmos? Nesta situação, parar no meio da estrada, esperando socorro, seria um movimento suicida, porque, ao invés do socorro, você coloca sua vida em risco.

A questão é que sempre temos escolhas e ter a escolha é saber o risco que você prefere correr, mesmo agindo com medo.

Colocar intensidade e paixão na vida faz com que você tenha uma inquietude que não te deixa ficar parado esperando resultados. Você busca os resultados e é movido por um sentimento que te faz ter uma aceleração constante.

A intensidade da paixão que coloco hoje nos negócios é a mesma que a do começo, mesmo sabendo que poderia desacelerar e curtir a paisagem.

Como existem mais pessoas envolvidas no processo, eu entendo que a missão seja ainda maior, já que todos os dias, quando levanto da cama, sei que uma atitude minha pode interferir positiva ou negativamente na vida de milhares de pessoas. E todos os dias tem milhares de Sandros, Leilas, Adelaides, Franciscos, Criscianes, Alessandros, Leandros, Eduardos, Arnaldos, Eltons, Evandros, Dielzas, Genissons, Daniellis, Lucas, Claudemires, Daniéis, Andrés, Elienes, Rosanas, Claudios, e tantos outros começando a fazer Hinode, cheios de esperanças de terem a vida transformada, cheios de sonhos e prontos para agir com paixão. Eu não posso deixar que a minha paixão seja menor; pelo contrário, é exatamente a mesma e gigantesca que eu tinha no primeiro dia. Isso também é uma decisão, uma escolha.

E o que eu quero é causar transformação na vida de cada uma dessas pessoas.

Apesar de ter meu sonho de querer continuar oferecendo o melhor para a minha família, de saber que tenho que ser remunerado

pelo meu trabalho, de ter consciência daquilo que estou construindo, levanto pelo propósito de fazer a diferença na vida das pessoas e isso me traz tranquilidade.

As grandes perguntas que você deve fazer a si mesmo são: "Por que eu continuo fazendo o que estou fazendo? Qual o meu motivo? Qual o meu propósito? Qual é o meu porquê?".

Você tem que ter um porquê. Não é um "como". O que me dá segurança para continuar acreditando são os meus porquês, já que, hoje, cada vez mais, pessoas acreditam nisso e cada vez mais as pessoas vão acreditar e não importa onde for, pode ser em Brasília, pode ser no Jalapão, pode ser na Hungria, pode ser no Japão, pode ser na Colômbia, pode ser no Peru, todos que apoiarem a sua escada na parede chamada Hinode terão meu comprometimento e a minha paixão envolvidos na mesma causa que a deles.

Ao longo da caminhada, aprendi que o primeiro pilar é a paixão. E, como você já deve ter percebido, não estou dizendo da paixão que nasce entre duas pessoas: estou dizendo da paixão que nasce pela vida.

Você já deve ter se apaixonado. Quando nos apaixonamos, tudo parece mais colorido, e enfrentamos barreiras que aos olhos de quem não está enxergando aquilo da mesma maneira que você enxerga parecem intransponíveis.

Todo apaixonado faz mais do que precisaria ser feito. Todo apaixonado cria condições para que o motivo de sua paixão seja celebrado. Quando nos apaixonamos pela vida, pelo nosso trabalho, temos uma transformação positiva e constante, como se despertássemos para aquilo que podemos oferecer de melhor para os que nos cercam.

Todos os dias, quando acordamos, temos infinitas maneiras e possibilidade de nos apaixonarmos de maneira vibrante pela vida e comungar com ela aquilo que ela nos oferece.

A paixão que sempre me moveu veio da fé que tenho e me trouxe até aqui. O ser humano precisa entender de uma vez por todas que a fé é necessária e ele precisa estar conectado com uma força maior – que no meu caso, eu chamo de Deus.

Em vários momentos da vida, todos nós encontraremos coisas que são inexplicáveis, no entanto, elas nos empurram para frente.

Só que elas só colocam você pra frente se você alimentar essa paixão e essa fé. Fé é algo que deve ser alimentado dia após dia.

Tem uma definição sobre fé de que gosto muito. Ela diz que fé é quando você está à beira do precipício, entra com o passo e Deus entra com o chão. Isso é chamado de fé. A fé é uma força implacável que envolve milagres extraordinários e, ao mesmo tempo, nos proporciona paz.

Quem tem fé não vê limitações.

Para vencer na vida é necessário paixão, crença e atitude. Estes, ao meu ver, são os três pilares que movem o ser humano, e a paixão é o impulso que leva a mente humana a colocar em prática seus conhecimentos. O êxito do ser humano pode ser medido pela sua paixão pela vida.

O homem e a mulher de sucesso precisam ser apaixonados pela vida, pelas descobertas, pelas experiências. Isso não quer dizer ser apenas apaixonado pelo que faz, que também é algo que deveria ser feito, porque seguramente você não terá sucesso, se não for apaixonado por aquilo que faz.

Uma vez meu filho chegou até mim e perguntou se eu tinha vontade que ele trabalhasse comigo. Eu observei a expressão dele e fiquei atento. Minha resposta definiria o futuro de uma pessoa, e isso não era pouca coisa.

– Filho, na verdade, eu sou empresário. Venho de uma empresa familiar e, se eu contar para você que nunca pensei nisso, eu não vou estar dizendo a verdade – olhei fundo nos olhos dele e continuei –, mas existe uma condição que deve ser levada em conta.

Lembro que aqueles segundos em que ficamos ali parados no tempo me fizeram reviver uma cena que tinha acontecido ao lado de minha mãe. Mesmo que a Dona Adelaide, fundadora da companhia, ficasse brava comigo, eu sempre lhe dizia: "Dona Adelaide, deixa-me contar um negócio para a senhora. De verdade, a senhora pode gostar demais da Hinode, a senhora pode ser extremamente apaixonada por esta empresa, de verdade, a senhora pode ser extremamente apaixonada pela Hinode, talvez a senhora seja tão apaixonada que a sua paixão pode ser do tamanho da minha, mas maior que a minha, jamais, maior que a minha jamais. Eu amo isso que eu faço".

— E aí, você quer que eu trabalhe com você? — ele refez a pergunta.

Suspirei e respondi, finalmente:

— Kauê, se eu falar pra você que eu nunca pensei nisso, eu tô mentindo. Mas só tem uma condição: você precisa gostar, você precisa ser apaixonado pela Hinode do jeito que eu sou. Se você não é apaixonado, faça outra coisa, e vai ser feliz, que o grande resultado do sucesso é a felicidade e a prosperidade. E a prosperidade não é apenas ganhar dinheiro. É fundamental que você tenha essa paixão, é fundamental que você levante todos os dias e saiba que você está indo fazer a coisa pela qual é apaixonado.

Paixão e fé estão intimamente ligadas porque o que simboliza o amor é Deus. Este é o grande símbolo do que é amor incondicional. Se pegarmos o mesmo princípio, levamos a paixão para a vida e eu não quero despertá-lo para aquela coisa fervorosa do início do relacionamento.

Sou casado há 23 anos com a Leila e apaixonado por ela. Amo minha esposa e sou apaixonado por ela. Essa paixão é a mesma desde o primeiro dia que a vi. Por quê? Porque cultivamos isso.

Muitos dizem que, quando a paixão acaba, vem o amor, como se o amor fosse algo morno e sem sentido. Eu acredito que seja possível cultivar a paixão pela vida assim como cultivei com meu relacionamento e manter a chama acesa durante 23 anos.

Como você tem que fazer isso? Você tem que alimentar isso todos os dias, você tem que tomar uma decisão muito forte. Eu aprendi isso com um grande amigo, chamado Elton Oshiro, que costuma dizer: "O ser humano é um ser emocional. Se nós fôssemos seres racionais, ninguém fumaria, ninguém beberia, ninguém comeria demais ou comeria de menos".

Alimentar a paixão para que ela seja perene é um trabalho diário que exige dedicação. Há uma recompensa para isso, e essa recompensa é apenas o efeito de algo que provocamos.

Todas as nossas batalhas precisam ser vencidas na mente e no coração, então, tudo é uma questão de decisão. Você primeiro define o resultado no seu coração e em sua mente e depois o persegue.

DÊ SALTOS DE FÉ

Quando estive no deserto, continuei com a mesma obstinação, com a mesma fé e com a mesma paixão. E isso exigiu muito mais de mim do que quando estava num momento bom. Quando você está num momento ruim e todo cenário é negativo, o que te move é a paixão pela visão que se consegue obter.

Dar aquele passo no precipício sem saber se haverá chão ou não para caminhar é um grande salto de fé. Isso é ter fé e ser apaixonadamente determinado. É andar. É andar pela fé. E por que eu falo de paixão? Porque foi exatamente no deserto, na minha fase mais difícil, que essa paixão foi fundamental.

Hoje tenho uma vida esplêndida com tudo que sempre sonhei, portanto, é fácil dizer que sou apaixonado pela vida, já que está dando tudo muito certo, mas eu aprendi a ser apaixonado pela vida no deserto.

O que todos precisam entender é que enfrentamos pequenos desafios ao longo da vida, mas a maneira como os enxergamos e lidamos com eles pode ser determinante para o sucesso ou para o fracasso. Ninguém sai do deserto da noite para o dia, e não existe nada que seja duradouro e tenha valor que seja rápido.

O resultado, a vitória, é do tamanho do preço que você paga, então, para que você consiga respirar todos os dias no deserto e dizer "Eu vou dar mais um passo", é necessário comemorar pequenas vitórias. Cada triunfo deve ser celebrado como se fosse único.

Mesmo na época do deserto, havia várias vitórias que eu celebrava diariamente. Se eu conseguia pagar os funcionários, já era motivo para festa. Estava dando tudo errado, mas quando chegava o dia de pagar os funcionários ou pagar o bônus, eu tinha o dinheiro. Eu comemorava isso intimamente com todas as minhas forças. Muitas vezes, eu chegava a chorar, agradecido, porque Deus tinha ouvido minhas preces.

Talvez, nesses dias, não houvesse mínimas condições para comemorar no melhor restaurante da cidade, talvez nem no McDonalds, mas eu ia para casa com um sentimento interno e vibrante de comemoração que eu intensificava.

Para amplificar o entusiasmo, viva no entusiasmo. Você precisa sorver todo o entusiasmo e a paixão que puder e houver e vivê-los

intensamente. Quando estiver apaixonado ou empolgado, viva esses sentimentos em sua plenitude e intensifique-os. Quanto maior o amor que você irradiar, maiores serão os resultados posteriores.

Caso não tenha nada para celebrar ou qualquer sentimento bom dentro de você, basta se concentrar nas coisas que ama e listar todas elas. É assim que intensificamos os sentimentos e direcionamos a energia para viver uma vida cheia de coisas empolgantes e apaixonantes.

Sempre listei mentalmente as coisas que amo e o que tinha de maravilhoso para agradecer na última semana, mês e ano. Os sentimentos começam a refletir aquilo que nós irradiamos. E eu te garanto: a forma como você se sente em relação a cada aspecto de sua vida – dinheiro, saúde, trabalho e relacionamentos – é o reflexo exato do que você está irradiando em relação a cada um desses aspectos.

Os estudiosos da física quântica já dizem que devemos tomar cuidado com nossas emoções e sentimentos porque existe uma forte conexão entre nossos sentimentos e o mundo físico. A vida não está simplesmente acontecendo conosco: ela responde a nós e traz exatamente aquilo que desejamos intimamente.

Eu acredito veementemente que somos os criadores da nossa vida e escritores da nossa história. Se existe uma infinidade de sentimentos bons e positivos à nossa disposição, isso significa que não há limites para tudo de bom que podemos receber. Existem muitos sentimentos ruins que emanamos e vão se tornando cada vez piores e não é por acaso que nos sentimos bem quando estamos apaixonados ou quando estamos amando. O amor é um poder supremo que governa a vida, e se ele é fonte da vida, quando estamos desconectados dele, estamos desconectados da força positiva da própria vida.

O poeta Robert Frost dizia: "Não sou um professor, mas sim um despertador". Eu gostaria que você lesse este livro com a consciência de que só quero despertá-lo para que entenda que é possível alcançar os resultados que deseja e viver a vida plena em abundância e paixão. Não existem escolhidos, existem aqueles que estão comprometidos com o seu próprio destino e carregam a força inesgotável que os conduz até onde querem chegar.

COMEMORE

O ser humano tem, na minha visão, uma característica de acomodação, ou melhor, ele se acostuma com a situação. Nós nos acostumamos com o deserto e também podemos nos acostumar com a bonança e com a vida plena. Nas duas situações, as coisas podem se tornar comuns para você. A vida está tão difícil que mais uma dificuldade é mais uma dificuldade, então, você se acostuma e não reage. Porque é mais uma dor, e você não reage. Do outro lado dessa história, é que você está indo tão bem, tão bem, que você, por exemplo, fatura mais um milhão de reais e diz: é só mais um milhão de reais.

Não é mais um milhão de reais! Comemore do mesmo jeito. Você não pode se acostumar com a temperatura da água. Quando você se acostuma com a temperatura da água, não comemora os seus resultados, nem sente as dores da provocação de você continuar nadando.

Meus pais me ensinaram a ter gratidão pela vida. Tudo que eu aprendi foi no seio da minha família, mas eu aprendi muito com meu contato com Deus, sem dúvida nenhuma. Eu sei, hoje, que se uma pessoa vive dizendo "Eu serei feliz quando tiver uma casa melhor... Eu serei feliz quando as crianças crescerem... Eu serei feliz quando tiver mais dinheiro...", esta pessoa nunca será feliz e nunca terá nada disso. A fórmula, se é assim que posso chamá-la, é ser feliz primeiro, irradiar felicidade para receber mais felicidade. Não acontece de outra maneira, porque tudo que você quer receber da vida tem que ser doado a ela primeiro. Se você está no comando dos seus sentimentos, no comando do amor, a força do amor vai lhe devolver tudo que você irradia.

Eu acredito que ter gratidão pela vida e pelas pessoas que fazem parte da sua vida é o que te impulsiona. Talvez ser grato seja a grande chave. Ser grato a alguém, a alguma coisa. Mesmo quando eu estava na pior situação, eu agradecia e imaginava que aquilo um dia ia me ensinar alguma coisa. Tinha certeza absoluta disso. Mesmo sabendo que aquele cenário era ruim, sabia que era um cenário de aprendizado.

Muitos de nós não gostam de ser perturbados nas crenças que estabeleceram para si e atingem um estado de hibernação, esquecendo que a vida pode ser fantástica. Outros não querem ter em-

penho em reunir novas ideias para rejuvenescer o espírito e trazer mais coragem e amor à vida.

Napoleon Hill dizia que "triunfo é o desenvolvimento do poder com o qual se obtém tudo que se deseja na vida, sem interferir no direito dos outros". Aqui vale lembrar que "poder" nada mais é que energia e esforço organizado. Quando não ficamos procurando "culpados" pela nossa derrota, conseguimos ter perspectiva de êxito ao longo da vida.

É raro ter uma vida sem momentos de caos, onde o chão parece sumir debaixo dos nossos pés, mas são justamente estes momentos que nos trazem uma nova vida.

Todos os dias, religiosamente, eu acordo e leio uma reflexão que está escrita em meu banheiro: "O que eu fiz ontem me aproximou ou me distanciou do meu objetivo?"

Se aproximou, eu reforço. Se não me aproximou, eu sei que devo mudar.

Todos os dias é necessário olharmos para trás e analisarmos friamente se tivemos atitudes desesperadas, extremistas ou se foi algo que nos levou para algum lugar positivo. Se estiver te conduzindo a algum lugar, existe a certeza de que você sairá do deserto.

Quando percebo que o que estou fazendo me garante que eu esteja no caminho certo, continuo reforçando meus pontos positivos, trabalhando no que não é bom e sendo ensinável.

Uma das coisas que aprendi é que é fundamental ser ensinável e isso significa que você precisa saber ouvir. Não só no deserto, como na vida, é imprescindível que você saiba ouvir. Só que ouvir as pessoas certas é vital.

O ser humano quer sempre chegar a algum lugar e provavelmente o lugar onde ele quer chegar é conhecido e tem alguém lá. Se eu quero comprar um carro X, por exemplo, eu preciso falar com pessoas que têm o carro X e não adianta perguntar sobre aquele carro para quem tem um carro Y.

Só que o que a maioria das pessoas faz? Perguntam para a pessoa errada.

Você deve sempre estar caminhando e seguindo alguém. O ser humano tem tendência a seguir e não ouve o líder. Mas o que fará a diferença é entender como o líder chegou onde está. A pessoa ou-

vida deve ter passado pelo percurso que você quer percorrer. Caso contrário, não faz o menor sentido.

Para que isso aconteça, não basta ouvir a liderança: você precisa estar de coração aberto para receber as informações compartilhadas. Isso é ser ensinável. É ouvir e tentar assimilar sem o filtro do julgamento que embota nossa mente.

No meu caso, eu não tinha um líder a seguir porque estava desbravando um caminho totalmente novo, mas eu sempre tive pessoas que confiaram em mim e isso era o bastante para que eu buscasse referências inspiradoras.

A leitura, por exemplo, trouxe uma melhora considerável na minha vida desde sempre. A leitura faz com que você seja uma pessoa melhor, por isso, outra recomendação que eu dou é: desperte a paixão pela leitura, desperte a paixão por crescer, por ser melhor todos os dias, seja apaixonado por isso.

As pessoas têm que ser apaixonadas porque o que fará você dar o próximo passo é a paixão, já que o resultado nem sempre vem naquele dia e provavelmente não virá nos próximos dias ou semanas. Talvez nem nos próximos anos.

Como você se movimenta, então? Sendo apaixonado!

Eu vou fazer de novo hoje, sim. Um dia por vez. Esse é o exercício, já que sucesso é a soma diária de várias pequenas atitudes positivas. Hoje, mesmo com tudo correndo da melhor maneira possível, eu continuo lendo muito e já tenho a minha mente programada. Eu digo sempre o seguinte: existem dois tipos de pessoas. A maioria é do tipo que molda as próprias crenças a partir do que vê fora dela. Por exemplo, ela ouve alguma coisa e pega aquilo como verdade e aceita. Esse tipo de pessoa liga a TV, vê que a economia está indo mal e que há 14 milhões de desempregados. Aquilo molda a crença dela e ela diz: "Essa economia tá indo mal, tem 14 milhões de desempregados".

Por outro lado, eu assisto TV, mas sou seletivo naquilo que eu assisto, pois acredito que uma informação destrutiva pode destruir a sua confiança num cenário que você acredita se alimentar aquela crença. Porque você é resultado daquilo que se alimenta. Se você alimentar a sua mente só com informações ruins, você com certeza terá uma mente destruída.

Não recomendo que experimente pensar em catástrofe e bobagens o tempo todo, mas você já deve ter notado que o seu estado de ânimo muda drasticamente quando está pensando num futuro promissor ou num problema.

Enquanto escrevo este livro, penso no amanhã e na perspectiva da viagem que farei ao lado de meu pai para irmos pescar sozinhos. O simples fato de saber que esse momento a dois ao lado dele existirá amanhã já faz com que eu tenha uma sensação que me faz bem. Ao mesmo tempo, se eu tivesse um grande desafio amanhã e soubesse que ele existiria e ficasse imaginando dezenas de possibilidades catastróficas, eu poderia estar nas Ilhas Maldivas, mas estaria com a mente entupida de problemas, sem conseguir viver a emoção de estar naquele local.

Entende como é importante se abastecer mentalmente de cenários positivos? Como é fundamental criar um futuro que você deseja em sua mente e nutri-lo diariamente, como se nutre uma paixão para que ela continue acesa?

Uma pessoa que só assiste ao jornal e vê notícias com desgraças anunciadas está sendo, diariamente, contaminada de energia negativa, e esse mundo está construindo a crença dela. Então, eu sou seletivo. Não sou alheio, não sou alienado ao mundo, mas não invisto meu tempo alimentando minha mente com coisas que podem perturbá-la.

O ponto é: seja responsável com seu tempo. Eu não quero perder tempo, eu não perco tempo.

Como adoro esportes, também gosto de assistir a um bom jogo de futebol, mas eu jamais deixo de trabalhar para ver TV, eu jamais deixo de fazer aquilo que eu tenho que fazer para ver TV. No entanto, o que muitos empreendedores ou autônomos fazem? Quando se tem um compromisso de trabalho que coincide com a final do campeonato em que o time dele está jogando, preferem ver o jogo a fazer algo.

Muitos deixam que o mundo molde a crença dele. Ele verá a final do campeonato ao invés de se dedicar àquilo que precisa ser feito naquele momento. Só que o segundo tipo de pessoa, que é a minoria, que sabe aonde quer chegar, que são o homem e a mulher de sucesso, o que faz? *Faz com que a crença dela determine o mundo em que vive.*

Esse é o tipo de pessoa que perseguirá o sucesso de forma incansável.

A coisa mais fascinante sobre o sucesso é que todos podem alcançá-lo, impreterivelmente. De verdade, esta é minha crença: todo mundo pode ter sucesso.

Pode ser que uma pessoa demore mais que a outra, e eu costumo dizer para todo mundo: "Temos que entender que, na vida, na maioria das vezes, o sucesso que estamos buscando não é fruto de uma disputa onde competimos uns contra os outros. Não vence aquele que chegar primeiro. Vence aquele que chega".

Pague o preço, seja apaixonado e chegue lá. Não pare no meio do caminho ou pense em desistir. Mesmo que não esteja em seus melhores dias, vale a pena analisar o que é preciso fazer para prosseguir.

CONTAGIE POSITIVAMENTE O AMBIENTE

Quando eu não estou no meu melhor estado, porque, como todo mundo, há dias em que eu não estou bem, eu me lembro do olhar de cada uma das pessoas que estão contando comigo e faço a mágica acontecer. Para mim, a batalha é sempre uma batalha mental.

É preciso saber dividir muito bem as coisas. É necessário saber olhar para as pessoas que estão comigo e entender que elas não têm nada a ver com os meus problemas, que elas não têm nada a ver com as minhas angústias, e eu tenho as minhas frustrações. Mas ninguém têm nada a ver com as minhas dificuldades ou com a minha noite de sono mal dormida, apesar de ser difícil vencer esse tipo de coisa, eu tomo a decisão.

Se você é o tipo de pessoa que contamina negativamente o ambiente porque teve um dia ruim ou porque está num momento difícil, tente avaliar a situação por outro ângulo. Afinal, por que as pessoas que estão ao seu redor merecem o seu lado ruim?

O que esperamos uns dos outros? O melhor. No fundo, no fundo, todos esperam o melhor uns dos outros. Quando estamos nos relacionando com alguém, por exemplo, esperamos o melhor da outra pessoa.

Eu sou focado em SEMPRE entregar o melhor. Entregar o meu melhor foi o que eu combinei com a Leila, quando nos casamos. No primeiro dia, quando começamos a namorar sério, eu combinei isso e, quando casamos, reforçamos a promessa: sempre daríamos o melhor um ao outro.

Para mim, família é a grande célula da sociedade e eu acredito que esse fortalecimento do casal faça toda a diferença, porque um deve sempre alimentar a fé do outro.

A Leila sempre fez isso por mim. No momento de deserto, a Leila era minha base, era meu sustentáculo. Eu voltava para casa esgotado e estar perto dela me recarregava. Eu me conectava nela, e ela era essa fonte de energia tão abundante que eu saía de casa revigorado.

A maioria dos relacionamentos falha porque as pessoas casam para ser felizes. Eu acredito que a falha está nisso, porque a Leila casou para me fazer feliz e eu casei para fazê-la feliz. Temos um compromisso diário de fazer o outro feliz. Você deve estar se perguntando o que isso tem a ver com paixão, e eu te digo: é por isso que a nossa paixão não acaba.

Nos momentos mais difíceis, ela sempre confiou muito em mim e deve ter sido um desafio para ela me ver num declínio. Ela sustentou a nossa casa por um bom tempo e veio de uma classe social melhor do que a minha, mas nunca se importou de viver a escassez junto comigo. Ao contrário, ela tinha certeza de que aquilo ia acabar. Eu digo que ela tem a mesma fé que eu.

Todo líder precisa entender, todo homem de sucesso, toda mulher de sucesso precisa entender o seguinte: você não tem uma força inesgotável, você não é um superdotado, você chora e precisa ter alguém para chorar, senão você morre, você explode. Nesses momentos, a Leila era fundamental, porque a Leila era meu porto seguro.

Há muitos empresários e muitos profissionais, inclusive, que guardam para si e acabam tendo problema de saúde, infarto... é justamente porque essas pessoas não têm esse porto seguro ou essa pessoa de confiança com a qual dividir as frustrações, os medos, as angústias.

Você precisa ter a sua cabana. Você precisa ter o seu porto seguro, em que você entra, fecha a porta, e ali tem alguém junto. Você

precisa de alguém junto com você. Alguém que segura a sua mão e diz: "Vamos juntos, se chover, se fizer sol", alguém que te escuta... Essa pessoa sinceramente tem que ter as mesmas visões que você, as mesmas crenças que você. Ela precisa acreditar naquilo que você acredita, ter a mesma paixão que você tem.

No nosso caso, nós construímos isso juntos. Costumo dizer que o único fator de sorte na minha vida foi conhecer a Leila. Eu não fiz nada por merecer, foi um presente de Deus mesmo na minha vida. Hoje, a minha vida não seria a mesma se eu não estivesse ao lado dela. A Leila é muito justa. Extremamente justa e amorosa. A Leila é uma pessoa de extrema compaixão, inteligente e feliz. Ela se entrega de verdade. Por isso, tanta paixão.

Essa dedicação incondicional ao outro quem me ensinou foi ela. Ela sempre me dizia: "Eu vou fazer tudo o que está ao meu alcance para te ver bem". Só que não nos anulamos fazendo isso. Porque muitos casais se anulam para fazer o que o outro quer ou precisa, e isso é diferente. Fazemos disso um motivo de alegria, um motivo de felicidade, até porque é uma decisão.

Essa premissa eu trouxe para a vida, porque na vida resolvi abarcar a Hinode como uma família e ser apaixonado pelas pessoas. Isso implica fazer por elas o meu melhor, porque sempre fazemos o melhor por quem estamos apaixonados.

Agir com paixão é olhar para o mundo e tentar olhar o lado positivo de tudo. É fácil? Claro que não é fácil. Está escrito na Bíblia: "Neste mundo vocês terão aflições; contudo, tenham ânimo! Eu venci o mundo" (João 16:33). Isso para mim é paixão. Paixão é o que te faz acreditar. Você precisa ser apaixonado para poder acreditar.

Tenho a plena certeza de que precisamos, a cada dia, sermos seres humanos melhores, e o sucesso só sorrirá para você na forma de paixão. Ele só irá sorrir para você, se for um ser humano melhor e entender que a grande transformação começa em você. Você tem que se transformar.

A segunda frase diária que eu digo para as pessoas é: "O meu sucesso é minha responsabilidade". Isso implica que eu tenho que ser melhor todos os dias. Responsabilizar-se pelo sucesso e pelo fracasso é necessário. Isso é muito interessante e muito pertinente

para o momento em que as pessoas culpabilizam os outros e se vitimizam a todo momento.

Ao mesmo tempo a palavra paixão tem a ver com entrega, assim como a fé. Sabe por quê? Porque além da entrega é fundamental que o homem cultive bons valores. Não devemos ser flexíveis com nossos valores.

Queira ser todo dia o melhor filho, a melhor filha, o melhor pai, a melhor mãe, a melhor esposa, o melhor marido, o melhor amigo, a melhor amiga, o melhor profissional, melhor líder e melhor liderado.

Eu acredito de verdade na prosperidade. Acredito na prosperidade e a prosperidade é diferente da riqueza. Eu tenho muitos conhecidos que têm uma conta bancária enorme e não são prósperos, têm uma família destruída, sabe por quê?

Porque simplesmente eles dão brecha para colocar a família deles em segundo plano, eles dão brecha para colocar os filhos em segundo plano ou a esposa em segundo plano, então, não são prósperos. Por outro lado, há tanta gente que é privada de recursos e é próspera, feliz, porque cultiva bons valores.

Os bons valores são a base. Eu não gosto do "jeitinho", porque se o sucesso é a soma diária de atitudes positivas, pequenas atitudes positivas, o fracasso é exatamente isso também: a soma de todas as atitudes positivas que você deixou de ter e de fazer.

Em países mais desenvolvidos, principalmente em relação ao empreendedorismo, eles têm um respeito muito grande uns pelos outros, então o respeito é um valor muito sólido para mim. Eu respeito o outro.

Coloque a seguinte régua: eu estou fazendo para o outro o que eu quero que seja feito para mim? Essa régua se encaixa em qualquer situação. Respeito se encaixa em qualquer situação, da situação mais extrema à situação corriqueira, do dia a dia. Tem aquela fila enorme para entrar à direita, aí todos querem ser os caras mais espertos do mundo e vão cortando os outros pela esquerda para entrar lá na frente. Se você faz isso, corte esses hábitos.

Integridade é fundamental. É fundamental ser íntegro, mas íntegro é inteiro, porque quando você respeita, você é íntegro, e

se estamos falando de paixão, paixão é também ser íntegro, se doar por inteiro e estar 100% onde se está. Mente, alma e coração.

Invariavelmente você está numa situação que escolheu. Se você está nesse trabalho, foi porque escolheu. Se você não for inteiro nesse trabalho, não será feliz, não terá resultado, então, saia. Saia e mude. Mude para algo em que você seja inteiro, 100%.

Se tem algo pelo qual eu não sou apaixonado é a zona de conforto, porque na zona de conforto não existe progresso. Na zona de conforto não existe crescimento. O que eu faço? Eu escolho crescer, eu escolho sair da zona de conforto. Se aqui está ficando muito fácil, eu preciso de um novo desafio, eu preciso de alguma coisa que me provoque, que me faça sair da zona de conforto, para que eu possa crescer.

Eu sou apaixonado por desafios. Não sou apaixonado pela zona de conforto, mas eu sou apaixonado por desafios, porque os desafios fazem crescer. É mais ou menos o seguinte: fazer melhor e mais rápido a cada dia. Por exemplo, se a pessoa está fazendo marketing multinível e para ela está muito fácil, está confortável mostrar um plano por dia e vender um produto por dia, então ela precisa vender dois produtos por dia e mostrar dois planos por dia e, quando ficar confortável fazer dois, passa a fazer três.

Um exemplo claro para isso, uma analogia clara para isso, é a academia. Quando você vai para a academia e treina pela primeira vez, qual é o resultado? Dor. O resultado é dor. Você chega em casa e tudo dói, mas é uma dor que você provocou, uma dor que perseguiu. Se você continua indo para a academia, essa dor vai diminuindo. Isso quer dizer que os seus músculos estão crescendo. Chega uma hora em que você está levantando peso e a dor passa.

O que o seu personal trainer faz nesse momento? Aumenta a carga. Gera uma nova dor, que é um novo desafio. É um novo desafio, e você cresce de desafio em desafio. Esse é o crescimento. A paixão pelo desafio.

Ter intensidade é fundamental. Paixão é isso. Assim como a paixão é uma entrega, num relacionamento, a paixão é uma entrega naquilo que você faz. Nas relações, no seu trabalho.

Entregar-se é dar o seu melhor para as pessoas, e isso também tem a ver com a fé, porque, quando você tem fé, entrega para Deus.

Não é que "eu só acredito e vou rezar pra acontecer", não, você entrega e caminha. E essa entrega que é a fé, que é realmente acreditar que irá acontecer.

ENTREGA, CONFIA E CAMINHA

Respeito, intensidade e gratidão são chaves para uma vida apaixonada. Seja grato pela oportunidade que a vida te dá todos os dias. Seja grato por mais uma chance. Todos nós estamos vivos e temos uma chance. Você está vivo, você tem uma chance. Se você está vivo, não acabou.

Está difícil? Continua. Está doendo? Continua. Está dando tudo errado? Continua. Agradece, você tem mais uma chance. Ter uma chance é incrível. Com uma chance você pode fazer muita coisa, com uma chance você pode mudar tudo. Uma chance é tudo do que você precisa para mudar a história das suas gerações.

Meu pai poderia ter tomado uma decisão completamente diferente. Minha mãe poderia ter dito não e ambos poderiam ter feito uma história completamente diferente. E eu falo que se a decisão da minha mãe tivesse sido diferente, se ela tivesse, por um instante, num cenário hipotético, dito não, qual que seria o resultado disso?

É a famosa história do efeito da pedra na água. O "sim" da minha mãe, em 1983, impacta milhões de pessoas. Para mim, a vida é "sim". Você escutará um monte de "não", inclusive. Você escutará mais "não" do que "sim" na vida. Outra coisa pela qual você tem que ser apaixonado é o "sim". Seja apaixonado pelo sim. Você encontrará muitos nãos, mas o que vai fazer você crescer é o "sim".

Muitos olham para o mundo e enxergam uma série de dificuldades e ficam paralisados. Essas pessoas dizem o seguinte: "Hoje, não, hoje eu não vou me dedicar, hoje eu não vou fazer, está tudo dando tão errado". Isso não está certo. O homem de sucesso, a mulher de sucesso, olha para o mundo e fala: "Hoje, sim!".

Mas existe diferença entre você ser impetuoso, que é ter ímpeto e fazer, e ser irresponsável. É a diferença entre correr risco e assumir risco. É uma grande diferença. O princípio de liderança é o seguinte: o líder assume risco, ele não corre risco. Ele observa, vê que os riscos são conhecidos e pode deixar de tomar uma decisão

importante hoje, mas ele toma uma decisão em segurança. Isso é o mais importante.

Hoje, sim. Hoje, sim, eu vou ser melhor. Hoje, sim, eu vou vender ou oferecer mais um produto, eu vou escutar mais um monte de "não". Meu cliente vai dizer não, meu prospecto vai dizer não, mas uma coisa é muito importante: seja apaixonado pelo sim. Sabe por quê? Porque o que vai te fazer milionário é o sim. Persiga o sim. Seja apaixonado pelo sim.

CHAVES PARA NÃO ESQUECER
DEDIQUE-SE COM PAIXÃO

NÃO BRINQUE COM SONHOS, SOBRETUDO OS SONHOS DE OUTRAS PESSOAS.
Existe um autor chamado William Butler que escreveu um poema com os seguintes versos: "Espalhei meus sonhos aos seus pés. Caminhe devagar, pois você estará pisando neles". Sempre que vejo o brilho nos olhos de cada pessoa que acredita na Hinode, penso que essas mesmas pessoas estão espalhando seus sonhos aos meus pés, e preciso ter a consciência e o cuidado de que cada uma das minhas ações impacte nos sonhos delas. O lado positivo disso é que você se responsabiliza pelo que pode oferecer ao outro e passa a entender que jamais deve brincar com sonhos – seus ou de outras pessoas.

NADA QUE É BOM OU DURADOURO É FÁCIL.
A Bíblia diz que "os bens que facilmente se ganham, esses diminuem". Eu sei a verdade contida nessa frase, já que passei tanto tempo planejando o trajeto para a conquista de uma batalha. Precisamos planejar detalhadamente o que queremos, acreditar e agir em cada uma delas, como explicarei no capítulo seguinte. Mas, para isso, temos que saber que um fruto nunca cai do pé antes de estar maduro. Lembre-se disso, quando estiver atravessando dificuldades! O tempo, muitas vezes, pode ser seu aliado para que você esteja preparado para a grande vitória.

HONRE SUAS ORIGENS.
Meus pais me ensinaram desde cedo que devemos nos orgulhar de quem somos. Nossas origens devem ser respeitadas como algo sagrado. Nada nem ninguém pode fazer com que você ignore o fato de que nasceu onde nasceu e passou pelas circunstâncias que passou. Elas devem fazer parte do seu DNA, e a sua história é o seu maior ativo. Quando você a resgatar, estará consciente de onde veio e onde chegou. Como dizia Dona Adelaide: "Nascer pobre não é uma escolha. Morrer pobre é".

PESSOAS MOVIDAS POR UM "PORQUÊ" NUNCA PERGUNTAM "COMO" CHEGAR ONDE QUEREM.

O quanto seu porquê é importante? Vejo pessoas engajadas na criação e sobrevivência dos filhos, motivadas, assim como meu pai fazia, quando éramos pequenos, a sair ainda de madrugada para o trabalho e retornar à noite, porque sabem que aquele porquê é muito forte. Colocar comida na mesa é uma preocupação, mas não se pergunte "como" chegar onde quer chegar. Fixe os olhos no seu porquê. Se são seus filhos, pense no quanto eles merecem esta vida que você está disposto a dar para eles. Seja qual for o seu porquê, ele deve fazer você se movimentar.

PAGUE O PREÇO E SIGA ADIANTE, COMO SE NÃO HOUVESSE QUALQUER POSSIBILIDADE DE VOLTAR ATRÁS.

Quem paga o preço, apesar de todas as consequências, não pensa se irá se arrepender depois que tomar a decisão, nem olha para trás. Pagar o preço é entender que você fez seu melhor nas condições que existiam e seguir adiante é olhar para o futuro de forma que saiba que precisa mirar a Lua para alcançar as estrelas. Nada de ficar lamentando o que não deu certo ou quando algo não aconteceu da maneira que você esperava. Pague o preço e siga adiante, como se não houvesse qualquer possibilidade de voltar atrás. Assim como fez a Dona Adelaide, que vendeu todas as máquinas de costura para não ter um plano B. Atravesse a ponte e queime-a.

ENTUSIASMO É CONTAGIANTE.

Você pode transformar ambientes e pessoas. Pode desenvolver a capacidade de se apaixonar pela vida e pelo que faz. Entusiasmo faz parte do processo. A palavra entusiasmo é estar cheio de Deus. Estar cheio de Deus significa que você precisa deixar Deus agir na sua vida e manifestá-lo da melhor forma, trazendo a sua força vital nos seus atos. Um olhar entusiasmado, uma palavra, um abraço, um sorriso. Entusiasmar-se com a vida é vibrar na sintonia do amor e levar boas novas para quem está ao seu redor. Entusiasmo é contagiante como se você riscasse um fósforo e jogasse num tanque de gasolina.

Ele causa uma combustão. Quem já foi nos eventos da Hinode sabe o quanto eu prezo pelo entusiasmo e o quanto os líderes são engajados em entusiasmar a plateia, para que todos retornem para suas casas cheios de Deus dentro de si. Cheios de entusiasmo para colocar planos em ação. Entusiasmo é vida. Viva em abundância.

MOVA-SE EM DIREÇÃO AO PROGRESSO.
Quando você se move em direção ao progresso, cada passo é valorizado, como se andar para trás não fosse possível. Mover-se é andar no deserto, mesmo quando estiver com frio ou fome, mesmo que as condições externas estejam absolutamente desfavoráveis. Mover-se em direção ao progresso é a forma mais apaixonada de viver, porque só conseguimos nos movimentar quando somos apaixonados pela vida que queremos ter e sabemos que o movimento é a única ação que pode nos levar a ela. Mova-se, mas mova-se em direção ao progresso. Invista em você, invista em seus estudos, em entender mais sobre o seu negócio, invista na possibilidade de estar com pessoas que pensam como você e agem como você e mire naqueles que já conseguiram o resultado que você deseja. Caminhe, sabendo que passos estas pessoas conseguiram dar. Dê os passos sem medo. Apaixone-se pela trajetória.

JAMAIS SE ESQUEÇA DO DIA EM QUE COMEÇOU.
O dia em que você começou é o dia que acreditou numa possibilidade. Muitas coisas mudam desde esse dia e, quando estiver no pódio, nunca esqueça o dia em que começou, para dar valor a cada gota de suor derramada na conquista.

PESSOAS QUE NÃO DESISTEM DO QUE QUEREM NÃO ACEITAM UM "NÃO" COMO RESPOSTA.
Seja implacável com seu sucesso. Comprometa-se em atingir os resultados que deseja para que eles possam ser possíveis. Não desista no primeiro "não". Muitos "nãos" virão ao longo do caminho, mas você deve ser comprometido com o seu sonho, mesmo que precise trilhar novos caminhos para conseguir chegar

onde quer. Que o "não" seja uma alavanca para que você se encha de coragem e persiga com obstinação e paixão o "sim".

ENTRE EM CAMPO PREPARADO PARA VENCER.

Estado mental é algo que deve ser preservado. Talvez uma das primeiras coisas que você deve fazer é saber que o seu estado mental depende única e exclusivamente de você. Os pensamentos que alimenta, a forma como vê o mundo, as informações que leva até seu pensamento. Só entra em campo preparado para vencer quem consegue se nutrir de boas ideias antes de entrar no campo de batalha. Para entrar em campo, saiba munir-se de toda a paixão necessária para ganhar o jogo, como se aquela fosse a final de campeonato que vai mudar a sua vida.

AGRADEÇA A DEUS.

Durante todos os momentos da sua vida, entenda que esta força maior, que eu chamo de Deus, mas que cada um pode dar o nome que desejar, é a fonte maior. Quando entendemos que existe essa força maior, conectamos nosso coração a ela e encontramos conforto, podemos nos abrir, pedir, mas, acima de tudo, devemos agradecer nossas conquistas, porque a gratidão é a chave para uma vida plena. Ser grato pelo que conquistamos pode ser uma grande alavanca que nos move para o alto. Quando somos gratos pelo pouco que temos, a vida nos presenteia com abundância.

SEJA UM VENDEDOR DE SONHOS.

Compartilhe sonhos, multiplique talentos, saiba viver em harmonia com a vida e dizer, olhando nos olhos das pessoas, aquilo que sente. Vibre paixão e seja um vendedor de sonhos, apaixonado pela vida, pelos resultados, pelo sucesso, pela vitória e comunique isso de forma sábia e sensata a quem estiver ao seu redor. Compartilhe suas dádivas e elas continuarão sendo derramadas sobre você. Quando tiver um sonho, uma visão, ou oportunidade, engaje as pessoas que estão ao seu redor naquela chama ardente da certeza absoluta. Elas ficarão agradecidas pela oportunidade de partilhar do seu sonho.

SUCESSO É PODER COMPARTILHAR UMA VISÃO E FAZER COM QUE AS PESSOAS ENXERGUEM ESTA MESMA VISÃO E POSSAM SE GUIAR ATRAVÉS DELA PARA OBTER OS RESULTADOS QUE DESEJAM EM SUAS VIDAS.

Hoje, percebo quantas pessoas guiei e guio diariamente com a visão que tenho do horizonte que pretendo conquistar. Quando compartilho a visão que tenho do futuro, dou às pessoas a possibilidade de enxergar a esperança que o coração delas não é capaz de dar. Essas mesmas pessoas enchem o coração de amor, bondade e coragem para seguir adiante e conquistar aquilo que desejam ardentemente. Ter paixão pela vida é saber que uma visão compartilhada vale mais que uma visão guardada na gaveta. Juntos somos mais fortes!

SAIBA O QUE QUER.

Talvez você não saiba onde quer chegar e nem o que quer, mas é importante que pare agora e escreva exatamente o que deseja para sua vida, porque ela não te dará mais nem menos que isso. Saiba o que quer, porque é impossível navegar em mares turbulentos sem saber para onde levar o barco. É preciso, acima de tudo, saber em que direção está indo, caso contrário, as águas da vida te levam para onde elas decidirem. Mas você deve ter a bússola e conduzir o próprio destino. Pode demorar para chegar, mas o que importa é seguir em frente. Sem desistir. Você chega lá!

SER OBSTINADO PELO QUE VOCÊ PRETENDE EM SUA VIDA É PERSEGUIR SEUS OBJETIVOS COMO SE NÃO HOUVESSE NADA QUE O IMPEDISSE DE CHEGAR ATÉ ELES.

Os super-heróis dos quadrinhos sempre me encantaram por vários motivos. O mais interessante é que, assim que começamos a ler os gibis, percebemos que eles são pessoas comuns, com medos como os nossos, mas obstinados com o propósito e a missão. Quando somos obstinados pelo que pretendemos na nossa vida, somos super-heróis do nosso destino e perseguimos os objetivos como se não houvesse nada mais que nos impedisse de chegar até eles. Seja obstinado e apaixonado pela sua visão de sucesso. Persiga-a.

O QUE VALE NÃO É CHEGAR PRIMEIRO. O QUE VALE É CHEGAR. O MÁGICO DA VIDA É CHEGAR.

Você às vezes fica aborrecido porque parece que todo mundo chegou lá, menos você? Também já me senti dessa forma e posso afirmar que é absolutamente normal que nos sintamos assim, já que constantemente nos comparamos com quem já chegou ou com quem está bem mais à frente. A questão é que temos que entender que cada um segue num ritmo e o que vale é chegar, não chegar primeiro. O mágico da vida é chegar. Pense nisso!

DESERTO NÃO É LUGAR DE FICAR PARADO. DESERTO É LUGAR DE CAMINHAR.

Nas dificuldades da vida, se ficamos parados, somos engolidos por elas e não conseguimos chegar a lugar algum. Quando caminhamos, seguimos adiante, mesmo sem perspectiva visível de sucesso. Andar no deserto é desafiador, mas traz resiliência e coragem e ensina que podemos nos movimentar, com fé e esperança, mesmo quando tudo parece agir contra nós. Eu acredito que caminhar é a palavra. Não desista, não se entregue, não pare de caminhar! A vida premiará você.

FÉ É FAZER E PERSISTIR, APESAR DO MEDO. MESMO INSEGURO, MESMO SEM ACREDITAR.

Todos nós somos assaltados pelo medo, e o medo muitas vezes nos impede de agir, de caminhar, de ter esperança. O medo paralisa e contamina com pensamentos destrutivos, como se não houvesse qualquer possibilidade de êxito. Um homem e uma mulher de sucesso devem persistir com fé, mesmo quando estiverem inseguros. Se você sente insegurança e não consegue ver qualquer horizonte, confie que o melhor está por vir e continue caminhando com fé. As portas se abrirão, quando você menos esperar.

DINHEIRO É CONSEQUÊNCIA DE UM TRABALHO BEM-FEITO, DEDICAÇÃO INCANSÁVEL, ENTREGA, OPORTUNIDADE CERTA.

Todas as pessoas que conheço gostam de ganhar dinheiro. Mas a maioria delas não pensa que ele é apenas a consequência de um trabalho bem-feito, dedicação incansável, entrega e oportunidade certa. Dinheiro é o que nos premia pelos nossos talentos colocados em prática. Na Bíblia, a parábola dos talentos conta que um homem rico entregou seus bens ao cuidado de três de seus servos, antes de partir em viagem. Ao primeiro, ele deu cinco talentos de ouro. Ao segundo, dois talentos e ao terceiro, um talento. Ele distribuiu dessa maneira porque conhecia a capacidade de cada um. Os dois primeiros servos investiram o dinheiro e conseguiram duplicar o que tinham recebido. Mas o terceiro servo cavou um buraco no chão e enterrou o ouro.

Com o passar do tempo, o patrão voltou e chamou os servos para prestar contas. O primeiro servo mostrou como tinha duplicado os talentos e foi recompensado. O segundo mostrou como tinha duplicado os talentos e também foi recompensado.

O terceiro servo desenterrou seu talento de ouro e o entregou de volta ao patrão se desculpando porque não quis fazer nada por medo da severidade do seu senhor. Mas o senhor ficou zangado porque ele tinha desperdiçado a grande oportunidade. Por isso, o patrão mandou tirar o talento dele. O significado da parábola é que todos temos tesouros e talentos, mas temos que ter a responsabilidade e segurança de usar nossos talentos e não os enterrar com medo de perder o que temos. Desenvolva suas capacidades, invista e acredite em você e acredite que você pode e merece. Deus se encarregará de multiplicar seus talentos.

**NUNCA ENTREGUEI MENOS DO QUE 100%.
SABER QUE AQUILO QUE VOCÊ CONTROLA É O QUE
VOCÊ PODE ENTREGAR FAZ COM QUE SE DEDIQUE AO
MÁXIMO PARA ENTREGAR O MELHOR PARA O OUTRO
NAQUILO QUE FAZ.**

O que está no seu controle? A sua entrega está no seu controle. A sua paixão está no seu controle. Portanto, nunca entregue menos do que 100%. Hoje o seu 100% pode ser o 1% de amanhã, mas mesmo assim será seus 100%. Não tente dar menos do que pode. Comprometa-se com o seu melhor, sempre. Dedique-se com paixão àquilo que faz e faça com coragem e ousadia.

**SEMPRE TEMOS ESCOLHAS, E TER A ESCOLHA
É SABER O RISCO QUE VOCÊ PREFERE CORRER,
MESMO AGINDO COM MEDO.**

Toda atitude pode trazer riscos, mas quando temos escolhas a serem feitas, devemos fazê-las escolhendo o risco que preferimos correr, mesmo agindo com medo. Eu não parei, quando as coisas estavaim mal na Hinode. Eu não desisti quando fui chamado para um cargo importante em outra empresa. Eu nunca abandonei o barco, porque a minha escolha era que a Hinode fosse uma grande empresa. Eu estava comprometido com a minha visão. Comprometa-se com a sua visão e será recompensado por isso. Acredite!

**COLOCAR INTENSIDADE E PAIXÃO NA VIDA FAZ COM
QUE VOCÊ TENHA UMA INQUIETUDE QUE NÃO TE
DEIXA FICAR PARADO ESPERANDO RESULTADOS.**

Sempre fui inquieto por natureza. Quando coloco intensidade e paixão na vida, tenho resultados incríveis e consigo colher aquilo que semeei. Não devemos esperar que a vida nos presenteie sem que sejamos generosos com ela. Precisamos compartilhar os dons e talentos, compartilhar nossa visão, nossa fé e esperança. Devemos nos doar para que possamos receber. Sempre, colocando intensa paixão no que fazemos. Essa é a fórmula de um sucesso concreto. Os resultados chegam, eu garanto.

TODO APAIXONADO FAZ MAIS DO QUE PRECISARIA SER FEITO. TODO APAIXONADO CRIA CONDIÇÕES PARA QUE O MOTIVO DE SUA PAIXÃO SEJA CELEBRADO.

Você já deve ter se apaixonado por alguém. Aquele frio na barriga, aquela sensação de que conseguimos mover uma montanha para encontrar a pessoa amada. Todo apaixonado faz mais do que precisa ser feito e cria condições favoráveis para que o motivo da paixão seja celebrado. Portanto, apaixone-se por sua vida, com aquela mesma energia de quando se apaixona por alguém. Mova montanhas para conquistar seus sonhos, crie condições para celebrar e encontrar o que deseja. O pote de ouro no final do arco-íris está dentro de você.

FÉ É QUANDO VOCÊ ESTÁ À BEIRA DO PRECIPÍCIO, ENTRA COM O PASSO E DEUS ENTRA COM O CHÃO.

Fé é um ingrediente poderoso para a vida. Nem sempre conseguimos enxergar o que está diante de nós, porém, quando temos fé, é como se déssemos o passo e Deus entrasse com o chão. Não tema. Tenha fé e caminhe. A vida providenciará o que você precisa. A fé é o elemento poderoso que fará com que você não enxergue limitações. Tudo que pode ser criado na mente pode ser criado na matéria. Lembre-se dessa Lei Universal. Se você imagina que pode ser feito, pode ser feito. O resultado depende de você. Acredite!

PERGUNTE A SI MESMO: "O QUE EU FIZ ONTEM ME APROXIMOU OU ME DISTANCIOU DO MEU OBJETIVO?".

Todos os dias quando acordo, faço uma análise e pergunto a mim mesmo: "O que eu fiz ontem me aproximou ou me distanciou do meu objetivo?". A resposta nem sempre é a mesma, mas a reflexão faz com que eu entenda o que precisa ser feito novamente e o que precisa ser descartado como estratégia. Lembre-se disso!

SEJA ENSINÁVEL.

Nunca ache que sabe tudo. Abra a mente e receba informações. Beba das melhores fontes para se abastecer de sabedo-

ria. Muitas vezes acreditamos numa verdade até que outra se revele. É no caminhar da vida que vamos percebendo a impermanência das coisas, portanto, esteja aberto para aprender. Seja ensinável.

SEJA RESPONSÁVEL COM SEU TEMPO.

A vida é uma dádiva. Um presente de Deus. Muitos de nós acreditam ser eternos. Nosso tempo não é eterno. Temos uma vida de algumas décadas, onde podemos construir o que quisermos, mas se desperdiçamos o tempo dado por Deus é como se não enxergássemos as grandes oportunidades de crescimento que nos são oferecidas.

Sempre priorizo estar com pessoas, compartilhar conhecimento, me atualizar, investir em oportunidades de crescimento ou eventos que me façam aprender e crescer. Eu valorizo meu tempo. Valorize o seu. Veja o que está te afastando do seu objetivo e servindo como distração ou passatempo sem acrescentar nada a você. Destrua hábitos que não lhe acrescentam nada e crie hábitos que te coloquem na direção certa.

A MAIORIA DAS SITUAÇÕES EM QUE NOS ENCONTRAMOS É RESULTADO DAS NOSSAS ESCOLHAS. HOJE É RESULTADO DAQUILO QUE FIZEMOS ONTEM.

O tempo todo temos escolhas a serem feitas. Muitos de nós se queixam de situações e não percebem que elas são reflexo de más escolhas feitas ontem. A maioria das situações em que nos encontramos é resultado das nossas escolhas. Simples como a reação de causa e efeito. Hoje sempre será resultado do que foi feito ontem. Tenha critério, quando definir suas atitudes de hoje, já que as consequências dos seus atos serão implacáveis amanhã.

NA ZONA DE CONFORTO NÃO EXISTE PROGRESSO.
Acreditar que a vida pode continuar quando está tudo confortável é uma tremenda estupidez. Na zona de conforto não existe progresso. Se você estiver agora fazendo o que faz de maneira confortável, mude a estratégia e procure desafiar a si mesmo para obter novos resultados.

SE ESTAMOS VIVOS TEMOS UMA CHANCE. VOCÊ ESTÁ VIVO, VOCÊ TEM UMA CHANCE.
Todos os dias, indiscriminadamente, temos uma chance. Temos a chance de perseguir a felicidade, a chance de encontrar nossa esperança que estava perdida, de mudar nosso futuro. As oportunidades estão em todo o momento circulando em torno de você. Você só precisa agarrá-las apaixonadamente. Se estiver vivo, tem uma chance. Não a desperdice jamais. Hoje pode ser seu último dia e, mesmo que não seja, acredite que é um dia sagrado que não pode ser desperdiçado. Apaixone-se pela vida de maneira que você celebre cada dia de sua existência..

SEJA APAIXONADO PELO "SIM". PERSIGA O "SIM". SEJA APAIXONADO PELO "SIM".
Já nascemos com o "não", então vamos perseguir o "sim" com obstinação e paixão. Seja apaixonado pelo "sim" como se sua vida dependesse desse "sim". Ame cada minuto do seu dia e procure os resultados que persegue enquanto sonha. É com inúmeros "nãos" que aprendemos a trajetória até o "sim". A vida é uma viagem maravilhosa e apaixonante. Seja apaixonado pelo SIM.
Hoje, sim!

TUDO É POSSÍVEL ÀQUELE QUE **CRÊ.**

MARCOS 9:23

CRENÇA

Estávamos num momento interessante da Hinode. Já tínhamos atravessado o deserto e desfrutávamos de uma colheita daquilo que tínhamos semeado e plantado ao longo dos anos. A situação parecia apontar para um crescimento consolidado e tudo indicava que a Companhia chegaria onde nossas visões apontavam.

Foi então que certo dia minha irmã, Crisciane, entrou na minha sala com uma nova ideia. Ela era uma pessoa tipicamente cheia de ideias e, quando estávamos juntos, sempre trocávamos opiniões sobre tudo.

– Sandro precisamos fazer alguma coisa...

Antes que ela se referisse ao que estava imaginando, eu já sabia o que ia dizer. Concordava com ela mesmo antes que pronunciasse a frase completa. Eu sabia que ela estava pensando na contratação de uma pessoa externa para compor nosso time.

Éramos uma empresa familiar e tínhamos um ao outro, mas as pessoas de fora que compunham o quadro de colaboradores eram diretores ou gerentes. A empresa estava precisando crescer,

e ambos enxergavam que existia a necessidade latente de trazer alguém de fora.

– Eu sei... – respondi –, precisamos crescer... precisamos trazer gente que pense como nós... que entenda aquilo que entendemos...

Ela me olhou com entusiasmo e completou:

– Precisamos trazer alguém para nos ajudar na área de vendas.

As palavras ficaram ecoando na sala e sabíamos onde estávamos pisando. Era uma conversa que nos levaria a uma decisão importante. Além disso, a área de vendas era o nosso bem mais valioso, não no sentido material, já que nosso tesouro precioso são as pessoas, mas era uma área que exigia um olhar cuidadoso e uma experiência real de mercado.

Sabíamos que trazer alguém de fora do seio da família para cuidar de pessoas seria uma decisão difícil.

Como se lesse meus pensamentos, ela disse:

– Mas temos que fazer...

Eu sabia que tínhamos que dar aquele passo. Logo, respondi com um sorriso:

– Temos que fazer. Eu pensei num nome.

Os olhos dela brilharam.

– Eu também pensei num nome.

Ficamos em silêncio, olhando um para o outro, até que eu pedi que ela contasse em quem tinha pensado. Para minha surpresa, ela respondeu:

– Vamos escrever.

Cada um pegou uma folha de papel e rascunhou um nome separadamente, sem mostrar ao outro. Quando mostramos o papel, a surpresa, o nome escrito era o mesmo: Eduardo Frayha.

O Eduardo era um rapaz que estava no mercado e tinha uma reputação muito boa. Todos que o conheciam ressaltavam suas virtudes. Alguns líderes da Hinode tinham trabalhado com ele em outra companhia e diziam que era o cara de que precisávamos.

No entanto, na época eu estava no extinto Comitê de Marketing Multinível da Associação Brasileira das Empresas de Vendas Diretas, a ABEVD, e o presidente da empresa onde o Eduardo trabalhava fazia parte desse comitê.

Eu queria fazer a coisa certa e, como era transparente com todos com quem trabalhava, perguntei a alguns líderes o que eles achavam da ideia. Um deles disse que deveríamos ligar para o Eduardo imediatamente, e eu achei melhor agir de outra maneira – ou melhor – de maneira ética e profissional.

Contratei um headhunter e pedi um profissional com as características de que precisava. "Para te ajudar, o profissional que tem estas características é esse", avisei. Dessa forma, eu agia de maneira ética e, se ele não tivesse interesse na proposta, não abriria espaço para a conversa.

Quando ele demonstrou interesse, dizendo que queria ouvir a proposta, foi entrevistado pelo profissional e logo em seguida pelo Arthur, nosso VP Administrativo na época. Era junho de 2014. Depois de todo o processo, ele veio falar comigo.

Conversamos durante três horas, e nessas três horas a única coisa que eu tinha para vender para ele, que vinha de uma companhia multinacional americana, era uma visão.

– Eduardo, eu tenho a crença absurda de que nós estamos construindo a maior empresa do Brasil e do mundo... eu só preciso que você acredite na minha visão, que acredite junto comigo.

Eu sabia que não era assim tão simples dizer isso para um cara que era diretor-geral de uma companhia americana no Brasil e já via resultados majestosos.

Estávamos num escritório pequeno, e ele me observava com curiosidade, enquanto eu continuava:

– Eduardo, eu não quero que você venha para trazer ninguém da companhia que você está... eu não estou trazendo você pra trazer gente... eu estou trazendo você para me ajudar com as pessoas que estão na Hinode, essa é a minha crença, é nisso que eu acredito.

O Eduardo não pensou duas vezes para aceitar a proposta. Cheio de entusiasmo na veia, dizia que estava absolutamente energizado com a possibilidade de fazer parte daquele sonho que iríamos construir juntos.

Trouxe essa parte da nossa história de nossa Companhia porque esse momento me faz lembrar do quanto a crença é importante. Temos que ser apaixonados pelo que fazemos, temos que ter

fé, e a fé inevitavelmente traz paixão. Você jamais terá sucesso, se não acreditar mais do que todo mundo naquilo que está fazendo.

Você tem que ter uma crença absurda e ver primeiro que todo mundo. Você tem que ter uma capacidade incrível de acreditar em visão grande e boa. Ao longo dos anos, eu criei essa capacidade de criar um quadro mental e fazer com que a pessoa que estivesse na minha frente conseguisse enxergá-lo.

Hoje, por exemplo, se eu crio uma visão que a Hinode fará uma convenção internacional em Cingapura e digo que reunirei 50 mil pessoas em Cingapura, eu farei isso e respeito o tempo necessário para a construção e realização de uma visão que sei que é de extrema importância. Eu consigo acreditar nisso e visualizar isso. Se eu conversar com uma pessoa durante alguns minutos, ela estará convencida de que aquele sonho se tornará real em pouco tempo. Tento mostrar a essa pessoa que ela também tem essa capacidade, ou que no mínimo essa capacidade pode ser adquirida, e isso faz toda diferença na vida.

Minha crença agarra aquilo que estou falando, independentemente do tempo que aquilo levar. Quando você fala de crença, o tempo deixa de ser importante, porque crença não é meta. Crença é você ter uma grande visão, acreditar naquilo que você está dizendo, como eu acredito numa visão, por exemplo, de fazer uma Convenção para 50 mil pessoas em Cingapura.

Crença é acreditar a ponto de criar uma visão mental tão forte que te capacite a enxergar aquilo acontecendo. Enxergar e sentir como se realmente fosse possível.

O maior problema das pessoas é associar o tempo a esse quadro mental positivo, uma visão grandiosa, achando que o tal sonho pode ser impossível. Assim, começa-se a pensar no COMO ao invés de investir energia no sonho final.

É completamente diferente acreditar e ter meta. Porque a meta para mim não é a *big view*... a meta são os passos. Para que eu possa chegar aos 100 km/h eu preciso passar primeiro por 10 km/h. A pergunta é: "O que eu tenho que fazer para chegar até 10 km/h e quanto tempo vou levar para isso?".

Não é necessário enxergar todo o caminho que você precisará percorrer logo de início. Você simplesmente joga seu sonho, cons-

trói sua crença e seu caminho até chegar lá. A grande diferença é a crença: você precisa ter certeza absoluta de que chegará lá, e essa história do Eduardo me chama muito a atenção porque foi exatamente isso que aconteceu naquele momento.

Naquele dia em que nos conhecemos pessoalmente, ele disse:
– Olha, do que você me disse, eu posso encontrar em outro lugar, até produto e tudo mais, mas de verdade eu nunca vi ninguém acreditar como você acredita.

Quando o Eduardo comprou essa visão junto comigo e trouxe seu entusiasmo para a Companhia, ele comprou a minha crença e ela passou a fazer parte do modelo mental dele.

Trazer uma grande peça-chave do multinível com essa capacidade e principalmente alinhado com a missão da empresa e com aquilo que acreditamos foi incrível. Era um período propício, já que estávamos lançando todo o novo sistema de treinamento. Rapidamente, ele começou a acreditar naquilo que eu acreditava e a viver a mesma crença.

TUDO É UMA QUESTÃO DE DECISÃO

Napoleon Hill diz que cada cérebro é ao mesmo tempo uma estação transmissora e receptora, por isso as trocas podem fortalecer ou detonar nosso sistema de crenças. É imprescindível que as pessoas busquem outras pessoas que possam fortalecer seu sistema de crenças positivas. Ao mesmo tempo, quando não encontramos, devemos entender que o mundo não deve determinar nossas crenças.

Isso é uma questão de decisão. Somos nós que determinamos as crenças que vamos incorporar em nosso dia a dia e em nossa vida. Existem as pessoas que permitem que o mundo determine a crença delas e acreditam que o mundo não é bom. A maioria das pessoas não está bem. Elas permitem que o mundo contamine suas crenças e começam a incorporar as histórias em seus discursos da seguinte forma: "Ah, tem 14 milhões de desempregados, então, como eu vou conseguir um trabalho ou mesmo vender pra alguém?" ou ainda "Ah, eu não vou fazer nada porque está tão violento, nada vai mudar, o nosso país não vai mudar". Dessa forma, essa pessoa permite que o mundo determine a crença dela.

Existe uma minoria, que são os homens e as mulheres de sucesso, que é o segundo tipo, que faz exatamente ao contrário. Não importa como está o meio ambiente, não importa como está o mundo, essas pessoas fazem com que as suas crenças determinem o mundo em que vão viver.

Se partimos desse pressuposto, mesmo que encontremos pelo caminho pessoas que vão contra aquilo em que acreditamos ou que nos desencorajem, continuamos e persistimos em nossas crenças.

Você sempre encontrará alguém que irá contra aquilo que você está falando e contra o que você acredita. Encontrará inclusive alguém que dirá: "O que você está falando é uma bobagem". Não importa o que essas pessoas dizem.

Tudo tem a ver com o que está no seu controle. Eu sempre decidi que ia fazer aquilo que estava no meu controle. E o meu controle é acreditar. Está em meu controle não permitir que eu me contamine com o negativo vindo dos outros.

Embora eu acredite nisso, a maioria das pessoas, quando transmite uma ideia a alguém, é desencorajada e deixa de acreditar. O sistema de crenças das pessoas não é tão forte porque elas não têm exatamente o primeiro passo, que é a paixão. Sem paixão é difícil que haja um sistema de crenças forte.

Você sempre terá um número muito maior de pessoas que vão dizer que você está louco. Esse número será muito maior do que aqueles que irão te encorajar a seguir adiante.

Para ter sucesso no marketing de rede, você precisa ter uma equipe grande, e os grandes líderes têm equipes grandes, de milhares de pessoas, mas sabe de quantas pessoas você precisa para fazer sucesso no marketing de rede? Apenas uma: você.

Quando eu digo "você", digo você com a sua decisão, sua paixão, sua crença. A partir do momento que você determinar, pagará o preço. Mas para isso é preciso acreditar mais do que todo mundo e não deixar que as crenças limitantes te prejudiquem.

Pior do que ouvir das pessoas que você está doido é acreditar nas crenças que te limitam. Porque são essas crenças que te boicotam, bloqueiam e impedem de ir adiante.

Muitas pessoas que passaram pelo meu caminho disseram que não conseguiriam certos feitos porque não eram capazes de alcan-

çar determinadas coisas. Eu sempre dizia a elas: "Bom, se você não é capaz, se prepare para ser capaz".

"Ah, eu não vou fazer isso, não vou participar desse evento porque ele é longe". Programe-se e vá ao evento. "Ah, eu não vou fazer isso aqui porque o meu vizinho também faz e ele tem uma carteira de clientes". Tenha outra carteira de clientes. Não permita que as crenças do mundo limitem as suas.

Qualquer pessoa pode assumir uma atitude mental de sucesso, se adotar o sistema de crenças correto. Já se sugeriu que Jesus Cristo descobriu a maneira de empregar o princípio da química mental e seus milagres nasceram do poder que ele desenvolveu em si mesmo. É exatamente isso que acontece, porque você estabelece esse sistema de crença, de atitude mental de sucesso e então ajusta o sistema de crenças baseado nele.

Tem uma frase na Bíblia que diz: "Se você tiver a fé, a crença do tamanho de um grão de mostarda, você dirá para aquele monte 'sai daqui, vai para lá, e ele vai'". Tudo é muito determinado pelo seu mental e pelo seu coração.

Eu diria que é uma mistura de uma coisa química com emocional. Vai ser fácil? Não, nunca é fácil. Nada que é bom e duradouro é fácil. Tudo que é bom, duradouro e de significado leva tempo e esforço, dedicação, entrega, senão todo mundo alcançaria.

Ao mesmo tempo, é algo para todo mundo. Mas nem todo mundo vai chegar porque muitos de nós se limitam pelas crenças.

Por exemplo, existem muitos que têm pena de si mesmos ou procuram desculpas para os seus defeitos. São pessoas que arranjam desculpas para não chegar aonde os outros chegaram. Elas acham que não vão chegar porque começam a fabricar desculpas sempre. Quando você fabrica desculpas, você está terceirizando seu sucesso.

Existem duas coisas que você não pode terceirizar na vida: não pode terceirizar o seu fracasso nem o seu sucesso. Ambos só dependem de você, não tem jeito. A escolha de ontem determina aquilo que você tem hoje, sempre.

O que importa para uma pessoa que decidiu fazer sucesso? O que importa não é o ontem. O ontem já foi e o trouxe até aqui. Se você continuar dando as mesmas desculpas, tendo as mesmas

crenças limitantes que teve até hoje, até onde você chegará? Até onde você está hoje.

Você deve determinar as suas crenças e não deixar que o mundo as determine por você, e só dessa forma o sucesso e o fracasso que virão serão resultado de algo que você determinou para si.

Claro que isso é um exercício, e você tem que alimentar diariamente a sua crença. Eu sempre digo para as pessoas criarem um quadro dos sonhos para elas. Um quadro dos sonhos é um papel, arquivo digital ou caderno onde as pessoas podem colocar as imagens daquilo que desejam conquistar. Podem ser coisas materiais ou imagens de situações e lugares. Na minha opinião, todo mundo tem que ter um quadro dos sonhos. Faça o seu quadro dos sonhos. Na minha opinião, esse é o primeiro passo em nome do sucesso e pergunte a si mesmo: qual é o meu sonho?

Ainda lembro da primeira vez que fiz o meu quadro dos sonhos, com a minha mãe, lá no passado, em 1988. O quadro dos meus sonhos tinha basicamente os sonhos que eu mantinha vivos dentro de mim. Naquela época, meu carro dos meus sonhos era uma BMW. Eu era jovem e tinha o sonho de ter uma BMW. Sabe quando eu fui ter um carro desses? Eu só fui ter uma BMW em 2013, depois de atravessar o deserto.

Eu passei uma vida inteira alimentando uma crença e o que quero dizer, mais uma vez, é que não importa quanto tempo irá demorar, mas se você alimentar seus sonhos e não desistir, você irá realizá-los. Se você não é capaz de imaginar, também não é capaz de conquistar.

Você é capaz de realizar tudo aquilo que é capaz de conceber. Sendo assim, o tamanho do seu sonho é exatamente o tamanho da sua mente.

Para isso é importante se cercar de pessoas que ajudem a fortalecer as suas crenças. Na época do deserto, minha família se uniu de tal forma que nos fortalecemos juntos. Embora fosse compreensível se cada um corresse para um canto, tentando ganhar a vida de um jeito, nós nos unimos e cooperamos uns com os outros, alimentando a crença de que aquela fase passaria.

Cercar-se de pessoas que fortalecem sua crença é primordial para seu crescimento. É como você plantar uma árvore. Seria difícil

jogar sementes num terreno arenoso ou cheio de pedras e esperar que nele crescesse algo. Elas podem até crescer, mas a raiz delas será tão pouco profunda que dificilmente ela irá se desenvolver.

Se o terreno tem que estar pronto, o ambiente para o seu desenvolvimento também tem que estar, logo, você precisa estar em ambientes favoráveis.

Muitas pessoas me falam: "Ah, então, eu ainda estou numa família que é desestruturada, que não tem a mesma crença que eu". O que eu digo para essas pessoas é que, quando isso ocorre, elas devem se encher de crença por meio de boas leituras, bons áudios, bons vídeos, bons cursos. Bons conteúdos que possam desenvolvê-las.

Esse conteúdo pode vir de pessoas que estão onde você quer chegar. Pessoas nas quais você se espelha e que são aquilo que busca ser. Sempre digo que é fundamental ter modelos.

O mais incrível nessa história da crença é que, quando você toma a decisão de que o mundo vai ser definido a partir das suas crenças – e o seu mundo começa na sua casa – você começa a influenciar quem está ao seu redor.

Minha mãe me preparou desde pequeno com essa mentalidade. Foi ela quem implantou esse chip na minha mente e me fez acreditar que eu podia mais. Por isso estou nesse negócio há 35 anos.

Quem não tem essa mentalidade ou não é preparado desde pequeno para isso deve fazer o máximo possível para se tornar essa pessoa que influenciará as demais do seu círculo familiar e de amigos.

Seja você a pessoa que influenciará os demais sem ser contaminado. Você pode se tornar a influência no seu meio e, quando isso acontece, é natural que as outras pessoas venham para o seu lado. O processo começa a acontecer e o ambiente fica muito mais favorável.

REINO DIVIDIDO NÃO PROSPERA

Uma mulher e um homem devem saber que não adianta ter a casa dividida. Reino dividido não prospera. Duas pessoas não podem caminhar lado a lado sem a mesma crença ou se não querem chegar ao mesmo lugar. A ideia é construir uma relação que consolide

as crenças um do outro. Uma mulher edificando um marido e um marido edificando uma mulher têm um poder incrível.

É dessa forma que um apoia o outro, quando um dos dois cai, e as coisas começam a cooperar para o bem de todos.

Quando você tem a crença de que as coisas cooperam para o seu bem, elas realmente cooperam. Se o mundo é definido através das suas crenças, chegou a hora de criar crenças que o favoreçam.

No momento que você acredita, a sua força é tamanha que as coisas começam a cooperar para que o seu desejo se realize. Comigo isso aconteceu inúmeras vezes. Eu comecei a ver as coisas começarem a dar certo, a encontrar pessoas que poderiam me favorecer. Muitas vezes, isso não tem qualquer explicação. Uns chamam de lei da atração. Você pode chamar do que quiser, na verdade. Eu prefiro chamar de crença.

Já deve ter acontecido com você algum episódio que, se contar, ninguém acredita. Alguma vez em que você estava com um objetivo tão definido que de repente algo surge no meio do caminho para te ajudar, como uma intervenção divina.

Quem esteve atento ao livro se lembra da história do meu pai, quando ele precisava comprar frascos logo que começamos. Meu pai era torneiro mecânico, tinha a 4ª série primária, sabia montar equipe de venda, sabia mostrar plano, entendia de gente e decidiu que ia montar uma companhia, e tinha que comprar um frasco. Imagina uma pessoa decidir, de uma hora para outra, que tinha que comprar embalagem! Não tinha Google, não tinha Facebook, não tinha nada para procurar. Simplesmente cai uma caixa de um caminhão à frente dele. E era exatamente a embalagem de que ele precisava.

Para uns isso é um incidente inexplicável e sem lógica, assim como meu amigo cair e bater a cabeça mesmo sem poder se mexer porque uma bala poderia sair do lugar e aquilo se tornar uma bênção. Ou, então, na nossa primeira experiência de venda internacional, quando estávamos em Portugal, e tínhamos certeza absoluta de que iríamos vender. Naquele dia, o único cliente que entrou na feira foi direto para o nosso stand, mesmo sem termos nada diferente dos outros.

O que tínhamos, então?

Uma crença absurda de que as coisas dariam certo. Sem dúvida nenhuma, quando você acredita que "todas as coisas cooperam para o bem daqueles que creem em Deus", daqueles que têm uma crença absurda, as coisas começam a acontecer e vão acontecendo e vão acontecendo, e elas vão ficando mais simples. Quando eu digo simples, não digo que ficam fáceis.

Devemos saber discernir o simples do fácil e aprender a diferenciar derrotas temporárias de fracassos. Porque muitas vezes algumas bênçãos chegam após algumas derrotas.

Embora eu não seja aquele cara que acredite que só cresceremos na dor, também acho que não existe progresso na zona de conforto. No entanto, não é necessário chegar no fundo do poço para começar a sair.

SÓ NÃO ERRA QUEM NÃO FAZ

Minha filha, Vitória, passou recentemente em Administração, na FGV, e eu disse para ela:

"É muito mais importante o caminho do que o lugar onde você vai chegar, porque o caminho vai te levar lá. Então, é aquilo que você vai construindo no dia a dia que vai te levar ao resultado, seja ele positivo, seja negativo; seja uma vitória, seja uma derrota. E você vai ter várias derrotas no mundo, muito mais derrotas do que vitórias".

Eu aprendi com o John Maxwell: ensine as pessoas que elas vão cair, mas mesmo quando elas caírem, que caiam para frente. E como você cai para frente? Quando você não atinge o seu resultado, mas analisa e percebe o que deixou de fazer ou o que precisava fazer de uma forma e não foi feito da forma que deveria. É preciso aprender e não se vitimizar.

Pergunte sempre a si mesmo: o que eu tenho que aprender? Pode ser que você tenha dado os seus 100%, só que o seu 100% não foi suficiente para chegar onde você precisava.

As derrotas acontecem muito na vida porque na maioria das vezes as pessoas não fazem aquilo que tem que ser feito, e muitas vezes elas também não têm o preparo para chegarem onde elas querem. Só que a maioria para e se dá por vencida com a primeira frustração.

Para mim, a derrota não é necessária, mas ela é a maior oportunidade que você pode ter de fazer a sua autocrítica e sua autoanálise. É onde você pode falar: onde eu posso ser melhor? A derrota nos dá essa oportunidade. As pessoas não continuam porque elas não fazem essa autocrítica, então, desistem.

É muito importante você administrar suas expectativas. Do que adianta entrar na faculdade e traçar um plano para se formar em apenas 1 ano? É praticamente impossível, pois a maioria dos cursos requerem TEMPO MAIOR DE DEDICAÇÃO E APRENDIZADO. No MMN, se você traçou um plano para alcançar o Diamante em 90 dias (possível, porém arrojado) e não atingiu a meta, mesmo fazendo tudo certo, não quer dizer que você não serve para o negócio ou o negócio não é bom para você, quer dizer apenas que durante o "caminho de 90 dias" faltaram algumas habilidades que você deve identificar e ainda não tem. Deu errado? Não atingiu a meta? Foi uma derrota? Ok, a vida é assim, o sucesso é construído dessa forma e a única maneira que eu conheço para "levantar após uma derrota" é ter uma CRENÇA enorme num SONHO valioso. O SEU SONHO PRECISA TER VALOR MAIOR DO QUE QUALQUER DERROTA.

Quando cair, e todos caímos, que seja para frente.

Não é todo mundo que quer identificar em si mesmo o erro. A maioria não quer olhar para o espelho e dizer: "Cara, você é responsável por aquilo que está acontecendo na sua vida". Muitos não querem, a maioria não quer fazer isso.

Parece mais fácil se inclinar e aceitar a derrota ou colocar a culpa em alguém ou na falta de oportunidade. A maioria das pessoas é perita em desculpas. Ser perito em desculpas não deve ser algo de que você deva se orgulhar.

Sempre digo para meus filhos que eles devem viver a vida de modo que criem as oportunidades e não as desculpas. Dessa forma, todo o esforço será recompensado. Se eles estão estudando, por exemplo, eu peço que se dediquem incansavelmente. Os meus filhos nunca foram geniais, ou tiveram QI acima da média, mas eu sempre disse a eles que deveriam dar o melhor deles a cada dia.

Desde que aprendeu a ler, a Ana Vitória tem uma frase que ficava num bloquinho no quarto dela: "Você é do tamanho dos seus sonhos". Essa frase está no quarto dela até hoje e diz muito sobre

a minha maior crença, que é ter sonhos grandes e ilimitados. Se ensino a sonhar, também ensino a errar.

Aprendi uma frase com o Arnaldo Peixoto, que diz o seguinte: "A missão de quem ensina não termina no final da aula. A missão de quem ensina só termina quando o outro aprende". Enquanto o outro não aprendeu, a missão de quem está ensinando não terminou. Eu, como pai, sempre exigi de mim mesmo que conseguisse ensinar com paciência aquilo que meus filhos precisavam fazer. É uma questão de conscientização.

Enquanto muitos amigos da Ana Vitória não passaram nas grandes faculdades, ela passou com louvor. Por quê? Porque ela sempre se dedicou e sempre pagou o preço. Nesse momento, o vestibular significava tudo para ela e ela estava absolutamente focada. Teve frustração no meio do caminho? Evidente que sim. Tirou nota vermelha na escola? Tirou. Mas sempre que tirou nota vermelha, observamos. Nunca era por acaso.

Nada na vida é por acaso: nem a nota azul, nem a vermelha; nem a derrota, nem a vitória. Nada é por acaso, tudo depende de nós.

GRATIDÃO

Minha mãe dizia que "nascer pobre não era uma escolha, mas morrer pobre era". Hoje meus filhos têm uma condição privilegiada porque lutei por isso, mas nem por isso dou tudo de mão beijada. Ao mesmo tempo, não preciso fazer com que eles passem pelas dificuldades que eu passei, porque, se eu passei por elas, meus filhos não precisam passar. Mas por outro lado eu também não vou dar tudo para eles, porque é uma questão de mérito. E existe um outro fator envolvido: se você trabalhou muito e tem sucesso, seu filho tem que ser consciente de que não existe ponto final na evolução nem no crescimento. O seu filho, mesmo que ele esteja numa condição financeira interessante, pode ser melhor do que você. Diga isso para ele.

Diga que ele pode ser melhor que você, sabe por quê? Porque eu, por exemplo, quando comecei, estava muito atrás deles. Eles começam essa corrida lá na frente, e se forem dedicados do mesmo jeito que eu me dediquei, se pagarem o preço que eu paguei,

inevitavelmente serão muito melhores que eu e chegarão onde não cheguei.

Já vi filhos de grandes empresários e herdeiros que usaram a visão e a posição para alavancar negócios e levá-los a patamares que não eram imaginados pelos próprios pais.

Não importa onde você está. Se acha que não pode crescer mais, você se limitou. Está tudo na cabeça e no coração. Você não pode deixar que sua crença seja limitante, você tem que pensar que pode ser melhor todos os dias. Eu falo para os meus filhos isso: você pode ser melhor todos os dias, e todos os dias você pode fazer algo um pouco melhor.

Mas não podemos decidir pelos nossos filhos. Só podemos ensiná-los. Posso dar uma direção, posso mostrar um caminho, mas a escolha é sempre de cada um.

Todo mundo pode, todo mundo consegue, todo mundo merece, desde que acredite nisso. O medo é a desculpa para não fazer porque você tem uma crença limitante que o impede de dar o próximo passo. Você cria os medos e os medos vão roubar os seus sonhos. Se destruirmos os sonhos no coração de um homem, iremos destruí-lo também.

Se você destruir os sonhos de um homem, você acaba com ele. O homem que não sonha não está vivo. Sabe por quê?

O nosso tempo aqui na Terra é pequeno comparado com o tempo que a humanidade existe. A expectativa de vida do brasileiro é de 75 anos e muitos de nós passam esses anos observando a história. Não é admissível que façamos isso. Devemos passar 80 anos de nossa vida construindo a história. A maioria das pessoas fica apenas observando o tempo passar, e ele vai passar.

A valorização do tempo é fundamental porque ele vai passar para todo mundo. Um minuto vale para você o mesmo que valem para mim; 24 horas valem para você o mesmo que valem para mim, a diferença é o que faremos com esse tempo.

Eu decido acreditar que vou construir uma grande história e vou realizar os meus sonhos, então, vou pegar esse tempo e trabalhar ao meu favor.

A história da Hinode só está sendo contada neste livro porque alguém decidiu construir uma história. Essa pessoa decidiu pegar

esse tempo que é tão pequeno na eternidade e fazer algo especial. Minha mãe e meu pai decidiram fazer algo especial. Eles eram cheios de coragem, de convicções, valores extraordinários e amor-próprio. Acho fundamental estimá-los e reconhecê-los por isso.

Eu não seria nada sem eles. E mesmo que seus pais não tenham feito nada extraordinário, eles deram a sua vida e isso por si só é fantástico. Você tem obrigação de honrar o seu pai e a sua mãe só pelo fato de existir e estar vivo. Você só existe porque eles existem.

Honrar pai e mãe é o primeiro mandamento com promessa na Bíblia. Em Gênesis se diz: honre pai e mãe, que serão acrescentados os teus dias sobre a Terra.

E eu tenho o privilégio de ter duas pessoas incríveis como pais. Eu tenho o privilégio de ter crescido olhando para os meus ídolos. Não ídolo da idolatria, mas meus exemplos.

Se eu tiver metade da força que minha mãe tem, eu vou ser um grande líder. Se eu amar as pessoas metade do que o meu pai ama, eu vou ser um apaixonado por elas. Se eu tiver um coração que meu pai tem, se eu for para os meus filhos metade do que o meu pai é para mim, eu vou ser um grande pai.

Além de honrar pai e mãe, se você trouxer esse conceito de honrar as pessoas que estão à sua volta para o mundo dos negócios, é fundamental você edificar a sua linha ascendente. O que é isso? Se esse negócio tem algum significado para você, houve alguém que chegou antes de você e mostrou esse negócio, você precisa reconhecer essas pessoas.

Sempre houve alguém antes que pagou o preço para construir algo. Você tem que honrar essa pessoa. Edificação é o que falta no mundo, e se as pessoas edificassem umas às outras, o mundo seria pleno de gratidão e reconhecimento.

Devemos projetar luz sobre outras pessoas para construirmos algo melhor e fazermos as outras pessoas entenderem o brilho que cada uma tem. Edificar é reconhecer o brilho do outro e saber que aquele brilho tem sentido na sua vida.

Todos deveríamos entender que não somos a luz original do mundo. Alguém nos iluminou. Podemos ser até uma luz mais forte, mas certamente fomos iluminados por alguém. Pais, amigos, par-

ceiros de trabalho. Todas as pessoas que estão em nosso caminho e projetam luzes em nossa vida devem ser edificadas.

Muitos dizem: "Ah, eu não gosto do meu chefe". Muitos confundem honra com amizade. Funcionários que dizem não gostar do chefe porque ele tem uma característica qualquer dissonante não quer dizer nada. Elas não gostam do chefe, mas ele é competente e está lá.

As pessoas precisam entender que elas não precisam ser amigas do chefe, mas que precisam honrá-lo, porque honra é um princípio. Se o chefe está ali e tem autoridade naquele momento, é necessário servi-lo.

"Antes de liderar você tem que aprender a servir", eu disse no começo do livro. Servir é princípio de honra. Honrar o chefe é diferente de levá-lo à sua casa para comer um churrasco. Honrar é ajudá-lo a construir sua imagem, sem querer destruí-lo. Quando queremos destruir os outros, é como se estivéssemos tomando veneno e achando que a outra pessoa vai morrer.

Comprometa-se em melhorar o ambiente que o cerca ao invés de contaminá-lo com reclamações. Basta o desejo de comprometer-se em fazer uma diferença positiva e todos precisam inspirar seus colegas de equipe, todos precisam adotar a mudança e assumir responsabilidade. Você pode ser melhor todos os dias. Você tem que entender que você é o líder.

A crença faz com que você seja o líder de si mesmo, e quando você resolve ser o líder de si mesmo, resolve e escolhe influenciar positivamente tudo o que está ao seu redor.

Você diz: olha, aquele é o meu espaço, a minha crença garante que, no meu espaço, onde eu possa atuar, eu vou ser muito bom, eu vou entregar tudo aquilo que eu tenho, então, eu vou influenciar as pessoas que estão do meu lado, o meu pedacinho eu vou fazer.

O escritor americano Robin Sharma tem uma frase em seu livro *O líder sem status*, que diz: "O verdadeiro coração partido é chegar aos momentos finais e perceber que desperdiçou o dom mais importante que lhe foi concedido: a chance de oferecer a sua magnificência ao mundo à sua volta. Um potencial não realizado se transforma em dor e o mais triste disso é que a violência da mediocridade deixa marcas no indivíduo". Todas as noites, quando

coloco a cabeça no travesseiro, pergunto se aquilo que fiz naquele dia me aproxima ou me distancia daquilo que eu quero.

Quando você volta para casa e sabe que fez tudo aquilo que tinha para fazer, você entende que, se não der seu 100%, está desperdiçando seu tempo. O tempo é tão curto que você não pode desperdiçar, porque chegará uma hora que essa linha tênue, chamada vida, irá se romper. E o que você fez? O que você fez com isso? O que você criou? Quem você influenciou? Como as pessoas vão se lembrar de você? Ou elas vão se esquecer de você?

Não estou dizendo isso por vaidade. A vaidade é o pecado mortal que destrói o homem. É por você realmente querer influenciar positivamente, é por você querer saber que tem que passar por essa vida e falar: "Eu decidi irradiar nas outras pessoas a Luz que DEUS colocou em mim e coloca em todos nós. Eu decidi iluminar com essa luz. Eu decidi fazer algo que pudesse contribuir positivamente na vida de muita gente, ou de uma pessoa, não importa".

O que importa é a sua decisão. O que importa é a sua crença de falar: "Eu quero fazer algo incrível".

Se você souber onde quer chegar e o que quer conquistar, saberá a pessoa que quer ser e a partir de então buscará ser essa pessoa. É importante ser consistente em todos os momentos e não usar nenhum tipo de máscara.

Eu trabalho muito com treinamento e já fiz milhares deles. Neles, costumo dizer uma coisa que se tornou uma oração: "Se eu tiver que fazer um treinamento e ensinar alguém com o microfone na mão, numa sala de treinamento, que assim seja, mas que o verdadeiro treinamento da minha vida seja minha própria vida".

Dessa forma, as minhas ações se tornam o verdadeiro treinamento.

Para mim, é impossível você falar uma coisa e fazer outra. Se fizer isso, você estará se enganando e nessa trajetória poderá enganar muitas pessoas por algum tempo, mas só não pode enganar duas delas: Deus e nem o cara do espelho, que são as duas grandes pessoas da sua vida

Não basta ter paixão e acreditar: tem que agir de acordo com o que você acredita. E é de atitude que eu vou falar no próximo capítulo.

CHAVES PARA NÃO ESQUECER
FORTALEÇA SUAS CRENÇAS

VOCÊ JAMAIS VAI TER SUCESSO SE NÃO ACREDITAR MAIS DO QUE TODO MUNDO NAQUILO QUE ESTÁ FAZENDO.

Ser incansavelmente determinado é um fator primordial. Todas as pessoas de sucesso que conheci tinham a mesma característica: brilho nos olhos, quando falavam a respeito de algo que amavam ou acreditavam. Brilho nos olhos não se compra em qualquer esquina. Você precisa acreditar no que está dizendo para que seus olhos brilhem. Caso contrário, permanecerá na escuridão da incerteza e da dúvida. Quem acredita coloca muito entusiasmo nas palavras e emite uma energia diferente através da voz. Quem consegue visualizar os sonhos sendo realizados, consegue realizá-los. Jamais perca a fé em si mesmo e em seus sonhos. Você só terá sucesso, se acreditar naquilo que quer.

CRENÇA É ACREDITAR A PONTO DE CRIAR UMA VISÃO MENTAL TÃO FORTE QUE O CAPACITE A ENXERGAR AQUILO ACONTECENDO.

Quando eu tenho uma visão, as pessoas perguntam quando aquilo acontecerá e eu respondo "um dia". Talvez você tenha pudores de criar grandes sonhos em sua mente, porque aquilo parecerá impossível para as pessoas. Mas crença é justamente acreditar a ponto de criar uma visão mental tão forte que as pessoas confiem no que você diz porque sabem que pode enxergar a saída ou a luz onde elas não conseguem ver.

O MAIOR PROBLEMA DAS PESSOAS É ASSOCIAR O TEMPO À VISÃO, ACHANDO QUE AQUILO É IMPOSSÍVEL. ASSIM, A PESSOA COMEÇA A PENSAR NO *COMO* AO INVÉS DE PENSAR NO SONHO FINAL.

A primeira pergunta das pessoas quando querem se boicotar é: "Como" posso fazer isso? Elas mal concebem o sonho e já querem raciocinar como podem realizá-lo. Dizem que Walt Disney tinha duas salas. Numa delas, ele só criava, sem qual-

quer filtro para a imaginação. Em outra, ele analisava como fazer aquilo que tinha imaginado. Na vida, temos que criar esses dois ambientes separadamente. Quando criar seus sonhos, não os impeça de nascer, pensando se são viáveis ou quando e como podem ser realizados. Simplesmente dê vida a todos eles indiscriminadamente.

NÃO É NECESSÁRIO ENXERGAR TODO O CAMINHO QUE VOCÊ VAI PRECISAR PERCORRER LOGO DE INÍCIO.

Não tente enxergar tudo que precisará fazer para realizar seu sonho. Dê apenas o primeiro passo. Depois do primeiro, o segundo, e assim vá construindo sua trajetória de sucesso, passo a passo, sem se preocupar como chegar onde precisa e quer chegar.

SOMOS NÓS QUE DETERMINAMOS AS CRENÇAS QUE VAMOS INCORPORAR EM NOSSO DIA A DIA E EM NOSSA VIDA.

Se você deseja acreditar em algo, acredite. Se aquilo fará com que você seja impulsionado, vá adiante. Se você determinar crenças que podem fazê-lo ir mais longe, não perca tempo ouvindo quem está ao redor ou se deixando contaminar por crenças de outras pessoas, deixe que as suas crenças criem o seu mundo e determine o seu caminho. Quem permite que o mundo determine suas crenças está limitado a viver à deriva da vida, sem escolher um cardápio vasto de opções que a vida nos oferece. Você deve determinar as suas crenças e não deixar que o mundo as determine por você, porque só dessa forma o sucesso e o fracasso que virão serão resultado de algo que você determinou para si.

PIOR DO QUE OUVIR DAS PESSOAS QUE VOCÊ ESTÁ DOIDO É ACREDITAR NAS CRENÇAS QUE O LIMITAM. PORQUE SÃO ESSAS CRENÇAS QUE O BOICOTAM, BLOQUEIAM E IMPEDEM DE IR ADIANTE.

Muitas pessoas reclamam que os outros falam que elas estão malucas, quando resolvem tomar uma determinada decisão.

Acredito que muito pior do que ter outros falando na sua orelha o que você deve ou não deve fazer é ter alguém ainda mais próximo: dentro da sua cabeça. Você determina as vozes que quer escutar e se essas vozes estão dentro de você tentando boicotá-lo, afaste-as e não deixe que elas o bloqueiem ou impeçam de ir adiante. Isso é ser responsável pelos próprios pensamentos e crenças.

SE VOCÊ NÃO É CAPAZ, PREPARE-SE PARA SER.
Quem acha que não está preparado para dar um determinado passo deve se preparar para isso. A primeira medida a ser tomada é na mente. Prepare-se para ser capaz. Só assim você pode ir mais longe.

EXISTEM DUAS COISAS QUE VOCÊ NÃO PODE TERCEIRIZAR NA VIDA: O SEU FRACASSO E O SEU SUCESSO. AMBOS SÓ DEPENDEM DE VOCÊ.
Esqueça essa velha história de encontrar culpados. O maior culpado pelas coisas ruins que acontecem em sua vida é você mesmo. Conscientize-se disso. Se você nasceu num ambiente desfavorável, não culpe o lugar pelo seu desenvolvimento: crie condições para mudar a si próprio e ao ambiente que vive. Como filho de um torneiro mecânico e de uma costureira que me disseram dia após dia que nascer pobre não é uma escolha, mas morrer pobre é, eu criei condições para meu desenvolvimento à medida que me vi em desafios inesperados. O sucesso é resultado do investimento de energia, paixão, crença absoluta e atitudes que tomamos diariamente.

SE VOCÊ CONTINUAR DANDO AS MESMAS DESCULPAS, TENDO AS MESMAS CRENÇAS LIMITANTES QUE TEVE ATÉ HOJE, VOCÊ VAI CHEGAR ATÉ ONDE? ATÉ ONDE VOCÊ ESTÁ HOJE.
As pessoas querem outros resultados agindo da mesma forma que sempre agiram. Você só colhe resultados diferentes, se passar a viver de forma diferente. Isso implica acreditar em novas coisas e fazer novas escolhas. Dar desculpas para não

realizar o que precisa ser feito, por exemplo, vai deixá-lo na mesma posição em que sempre esteve. Se quer subir um degrau, mude seu pensamento e suas crenças e as atitudes inevitavelmente o acompanharão.

ALIMENTE SUAS CRENÇAS DIARIAMENTE.
Crie seu quadro dos sonhos. Essa é uma forma de alimentar diariamente as suas crenças. Quando você dá poder às crenças que constrói, torna-se invencível, porque nada que vem de fora pode destruir sua vontade de ir adiante. A determinação é inabalável e você ganha combustível extra para minar as dificuldades que possam surgir pelo caminho.

VOCÊ É CAPAZ DE REALIZAR TUDO AQUILO QUE É CAPAZ DE CONCEBER. SENDO ASSIM, O TAMANHO DO SEU SONHO É EXATAMENTE DO TAMANHO DA SUA MENTE.
Se a sua mente for pequena, você terá resultados pequenos. Se sua mente se expandir, seus resultados crescem. A sua maneira de ver o mundo e de se posicionar diante dele virá a partir de como se enxerga e enxerga o mundo ao seu redor. Somos capazes de realizar tudo aquilo que nossa mente é capaz de conceber. Nossa mente tem uma capacidade infinita de criar possibilidades. Muitas vezes, desperdiçamos esse potencial criando cenários desastrosos, e é exatamente o que colhemos. Nossas crenças determinam nosso futuro. Repita isso quantas vezes for necessário.

CERCAR-SE DE PESSOAS QUE FORTALECEM SUA CRENÇA É PRIMORDIAL PARA SEU CRESCIMENTO.
As tempestades virão, mas será muito mais fácil lidar com elas se você estiver cercado de pessoas que fortaleçam sua crença. É ao lado delas que você estará nutrido, quando a sua crença estiver abalada. Para crescermos e chegarmos longe, precisamos de aliados fortes que comunguem dos mesmos sonhos. Cerque-se de pessoas que fortaleçam suas crenças e encha-se de energia para realizar tudo aquilo que é capaz.

SEJA VOCÊ A PESSOA QUE INFLUENCIARÁ OS DEMAIS SEM SER CONTAMINADO.

Não adianta reclamar que o mundo é ruim, que a família é triste, que o político é desonesto. Seja você a pessoa que influenciará os demais sem ser contaminado. Na sala do banqueiro mais próspero de Illinois, Estados Unidos, tem uma frase: "Aqui só se fala em prosperidade. Quem souber casos infelizes é favor guardá-los para si, pois não temos o interesse em conhecê-los".

QUANDO VOCÊ TEM A CRENÇA DE QUE AS COISAS COOPERAM PARA O SEU BEM, ELAS REALMENTE COOPERAM.

Uns chamam de Lei da Atração, mas eu prefiro chamar de crença inabalável. Quando você tem a crença de que as coisas cooperam para o seu bem, elas realmente cooperam. O cérebro humano e o sistema nervoso constituem uma peça de um maquinário intrincado que poucos entendem. Quando controlada e dirigida de maneira adequada, essa peça pode ser levada a realizar maravilhas.

A DERROTA NÃO É NECESSÁRIA, MAS ELA É A MAIOR OPORTUNIDADE QUE VOCÊ PODE TER DE FAZER A SUA AUTOCRÍTICA E SUA AUTOANÁLISE.

Se cair ou tiver um fracasso momentâneo, observe onde errou e seja crítico consigo mesmo para corrigir rapidamente o erro e criar novos mecanismos que o levem ao sucesso. Muitos permanecem no chão e não se levantam, acreditando que as derrotas são sinalizadores de incapacidade – o que não é verdade. A derrota pode ser sua grande aliada e ser a oportunidade de uma perfeita autoanálise. Não se vitimize nem se culpe demais pelos erros cometidos. Siga em frente sabendo que hoje você é melhor do que ontem e amanhã será melhor do que hoje. Isso é progresso.

VOCÊ É DO TAMANHO DOS SEUS SONHOS.

Essa frase minha filha aprendeu aos 4 anos de idade. Digo que você deve grifá-la e incorporá-la em seu dia a dia. Se faltam

sonhos, fabrique-os. Não passe uma vida inteira sem sonhar. Sonhe grande, com amor, coragem e ousadia. Sonhe como se fosse conquistar tudo aquilo que seu coração pede. Sonhe com determinação, porque você é do tamanho dos seus sonhos e nada pode mudar isso.

A MISSÃO DE QUEM ENSINA NÃO TERMINA NO FINAL DA AULA. A MISSÃO DE QUEM ENSINA SÓ TERMINA QUANDO O OUTRO APRENDE.

Temos a mania de jogar a responsabilidade para o outro, sempre. Muitas vezes queremos que as pessoas entendam o que temos a dizer e não somos claros o suficiente. A missão de quem ensina não termina no final da aula, termina quando o outro aprende. Então, a repetição gera o hábito. Diga todos os dias aquilo em que você acredita para os seus filhos e familiares, mesmo que eles estejam cansados de ouvir. Diga aquilo que quer ensinar para seus liderados e vá disseminando as crenças positivas nas pessoas, aos poucos.

TODO MUNDO PODE, TODO MUNDO CONSEGUE, TODO MUNDO MERECE. DESDE QUE ACREDITE NISSO.

Muitas pessoas empacam no meio do caminho porque não acreditam nelas mesmas ou não conseguem imaginar que podem chegar aonde alguns chegaram. Todo mundo pode, consegue e merece. Mas a primeira coisa é acreditar nisso. Se você não acreditar que pode, que consegue e merece, ninguém acreditará em você. Você é o primeiro vendedor dos seus sonhos. Saiba acreditar neles.

O MEDO É A DESCULPA PARA NÃO FAZER, PORQUE VOCÊ TEM UMA CRENÇA LIMITANTE QUE O IMPEDE DE DAR O PRÓXIMO PASSO.

Muitas pessoas fabricam medos para não saírem do lugar. Contam histórias para si mesmas e dão desculpas. Não seja essa pessoa. Se é para fabricar algo, fabrique crenças positivas na sua mente.

SE VOCÊ DESTRUIR OS SONHOS DE UM HOMEM, ACABA COM ELE. O HOMEM QUE NÃO SONHA NÃO ESTÁ VIVO.
Enquanto estiver vivo, sonhe. Seu coração pode estar batendo, mas se não sonhar, nada terá valido a pena. A esperança traz brilho nos olhos e uma vida de sonhos é algo que nos move em direção a algum lugar. Quanto mais perto estivermos dos sonhos, mais estaremos próximos de Deus. Não deixe de acreditar nos sonhos. Eles podem se tornar realidade.

ANTES DE LIDERAR, VOCÊ TEM QUE APRENDER A SERVIR.
Sirva as pessoas que estiverem próximas a você. Jesus lavou os pés de todos os apóstolos antes da Santa Ceia. Essa é a prova de que a humildade deve vir sempre antes de qualquer outra coisa. Devemos nos colocar em posição de servidores que buscam condições ideais para quem lideramos. Assim, conquistamos o melhor para todos.

É IMPOSSÍVEL VOCÊ FALAR UMA COISA E FAZER OUTRA.
Não basta ter paixão e acreditar: tem que agir de acordo com o que você acredita. Se você quer ser uma pessoa com credibilidade, aja de maneira consistente com suas palavras. Você deve viver aquilo que prega. Caso contrário, será um falso líder. Aplique primeiro em sua vida tudo aquilo que está disposto a dizer para os outros. O seu exemplo é a maior inspiração.

O POVO ALEGROU-SE DIANTE DA ATITUDE DE SEUS LÍDERES, POIS FIZERAM DE [...] **CORAÇÃO ÍNTEGRO.**

1 CRÔNICAS 29:9

ATITUDE

A primeira vez em que meu pai foi a uma reunião ele ainda exercia a profissão de torneiro mecânico. Naquela tarde, ele colocou sua melhor roupa – que era uma calça jeans, um tênis kichute e uma camisa –, convidou a minha mãe, pegou a Crisciane, que na época era uma criança de colo, e partiu sem saber o que veria.

Assim que chegou, percebeu que a sala de treinamento estava lotada. Havia umas dez pessoas naquela garagem cinzenta e abafada. Atrevido, sentou logo na primeira fila e começou a ouvir o que a pessoa que rabiscava o plano na lousa tinha a dizer.

Eles tinham sido convidados pela Dielza para aquela reunião, onde o cara que apresentava o plano desenhava algumas bolinhas na lousa. Para cada bolinha que era feita, existia um número correspondente, – e meu pai cutucava minha mãe com o cotovelo para que ela prestasse atenção no que ele considerava interessante.

– Adelaide, esse negócio é incrível – ele dizia.

Até que em determinado momento foi feita uma bolinha enorme, e o cara que estava apresentando virou-se para o meu pai, que entendeu que ele estava falando diretamente para ele.

– Sua vida vai mudar no dia que você for um diamante.

Então escreveu a palavra "diamante" naquela lousa.

Nesse momento, meu pai cutucou minha mãe pela última vez, entusiasmado. No caminho de volta para casa, ele estava absolutamente convencido de que aquele negócio era para ele.

Quando chegou em casa, encontraram minha avó, já que morávamos no fundo da casa dela. Empolgado, ele disse:

– Dona Alcina, vamos mudar de vida. A Adelaide vai vender as máquinas de costura, os meninos vão para a escola particular. Dona Alcina, os meninos vão fazer faculdade, eu não vou precisar fazer hora extra. Dona Alcina, eu vou comprar minha casa, vou comprar meu carro. Dona Alcina, minha vida vai mudar, Dona Alcina, porque o homem me mostrou...

– Francisco, se acalma, se acalma, Francisco – ela ponderou.

– Não, Dona Alcina, eu estou calmo.

Ela foi ouvindo palavra por palavra do que ele tinha a dizer até o momento em que perguntou:

– Você falou que o homem colocou um monte de bolinha lá...

– É, Dona Alcina, colocou um monte de bolinha lá, minha vida vai mudar. A Adelaide vai vender as máquinas de costura, os meninos vão para a faculdade, nossa vida vai mudar completamente.

Ela continuou:

– Francisco, eu vou te perguntar uma coisa...

– Pode perguntar, Dona Alcina – ele respondeu cheio de paixão.

Ela olhou bem para ele e disse pausadamente:

– Você falou que ele fez um monte de bolinha lá, né?

– Fez.

– Me diz uma coisa: o que foi que você entendeu?

Na ingenuidade, sinceridade e transparência dele, meu pai parou e encarou minha avó nos olhos e disse:

– Dona Alcina, pergunta de novo.

– Francisco, o que foi que você entendeu?

Ele olhou para ela e respondeu:

– Nada. Ou melhor, Dona Alcina, eu só entendi uma coisa: pra minha vida mudar, eu tenho que ser um diamante, então, eu vou ser um diamante.

Se essa história tivesse parado naquela resposta, ele certamente seria um sujeito com uma crença inabalável. Mas seu Francisco não tinha apenas uma crença. Ele tinha atitude.

No dia seguinte, ele começou a trabalhar. No dia seguinte, ele agiu.

Imagine se por um momento eles decidissem dizer "não" para aquele sonho que tinha sido desenhado na lousa. Ou, se por algum instante, tivessem desistido de agir. Imagina se meu pai, em 1983, respondesse da seguinte maneira: "Dona Alcina, a senhora tem razão, eu não entendi nada. Sabe de uma coisa, eu vou me preparar aqui, eu vou voltar lá, eu vou entender um pouco melhor e, quando eu entender, eu vou começar a agir".

Talvez milhões de pessoas deixariam de ter suas vidas transformadas porque alguém não agiu. Eu digo que não temos a mínima noção do quanto a nossa atitude pode impactar a vida de tantas pessoas.

Existem muitas pessoas que desistem pelo caminho e param de seguir em direção aos seus sonhos. A diferença é que as pessoas de sucesso persistem sempre em direção a eles, mesmo que seja difícil.

Existe uma teoria mundial que diz que, se um negócio tem condições de gerar uma renda adicional de 2 mil de dólares para uma família, esse negócio muda a vida dessa família em qualquer lugar do mundo, ou seja, faz com que essa família viva com dignidade.

Costumo dizer que, na Hinode, acredito que a qualificação principal seja a de Diamante, pois um Diamante tem uma renda média aproximada de 2.500 dólares (para usarmos uma moeda comum), o que hoje seria em torno de 8.200 reais.

Por isso, aqui na Hinode eu nunca convidei ou convido ninguém para ficar milionário, apesar de termos centenas neste momento e milhares no futuro. Eu digo que ficar milionário é uma decisão pessoal e só será possível, se a pessoa entender o princípio básico da nossa empresa.

É necessário viver a missão Hinode com INTENSIDADE e todos os dias da nossa vidas. É necessário entender que a nossa missão é: "Oferecer às pessoas uma oportunidade para mudar de vida".

"Mas o que isso tem a ver com atitude?", você deve estar se perguntando. Calma que vou explicar.

A missão da Hinode se cumpre na vida de uma pessoa, quando ela alcança a qualificação de Diamante. É nesse momento que ela tem uma renda mensal que muda a vida de toda a sua família. Ela passa a viver com dignidade, a morar numa boa casa, a oferecer uma boa escola para os filhos, a ter acesso a um plano de saúde e a outras coisas que são essências para uma vida plena. Ela ainda não está milionária, mas pode ficar.

Se há 35 anos meu pai tomou uma atitude depois de assistir a uma apresentação, sabendo que não queria que sua esposa passasse 14 horas numa máquina de costura diariamente e que não queria fazer uma quantidade enorme de horas extras na fábrica, é porque sabia que essa atitude iria levá-lo para perto do seu propósito, que era ficar mais tempo com os filhos, fazer com que estudássemos em escolas melhores. Se passado esse tempo milhões de vidas foram transformadas, é porque um metalúrgico que cursou apenas a 4ª série primária participou de um evento de negócio, onde entendeu que para ter sucesso ele precisava ser um Diamante. Ele tinha uma crença, ele tinha paixão e ele teve, acima de tudo, atitude.

Todas as pessoas que continuam 100% tendo uma atitude acima da média serão Diamante dentro da Hinode. Não importa o tempo. Importa o quanto você está disposto a manter a atitude pelo tempo necessário. Isso é fundamental.

Quando a pessoa bate Diamante, ela vê como missão cumprida, mas isso é apenas o começo, todos podem muito mais.

Você só vai ficar milionário na Hinode quando parar de pensar em dinheiro e entender que agora é um missionário. Pra ser um milionário, você precisa fazer com que essa missão se cumpra na vida de todos que estão ao seu redor.

Você precisa fazer com que todas as pessoas do seu grupo ou a grande maioria delas cheguem a ser Diamantes. Quando você faz isso, alcança a condição de TITAN nesse negócio. Não é à toa que tenho centenas de milionários na Hinode e todos eles têm centenas de Diamantes na equipe.

Muitos não crescem porque simplesmente desistem no meio do caminho ou não persistem com a atitude certa pelo tempo necessário.

Quando num treinamento para milhares de pessoas eu lanço a pergunta "Quem aqui tem fé?", invariavelmente, a maioria das pessoas tem fé em alguma coisa. As pessoas têm fé e são apaixonadas por alguma coisa. Logo em seguida, faço a pergunta "Quem aqui acredita que pode construir algo de realmente muito significado?". Todas as pessoas dizem que acreditam. Muitas levantam as mãos, batem no peito e realmente acreditam. Se a grande maioria tem fé em alguma coisa, e 100% delas dizem que acreditam que podem construir algo grandioso, onde está a falha?

Exatamente na última palavra que define a minha vida. As pessoas não agem ou, quando agem, têm uma atitude medíocre e mediana. O que faz a diferença é justamente esse terceiro ingrediente: atitude. A diferença está em agir. As pessoas de sucesso agem e não esperam as condições de fora determinarem sua vida. As demais sucumbem à falta de atitude.

Mas, para ter atitude, você precisa construir a sua fortaleza mental, porque atitude é ação, atitude é verbo. Fé e paixão são sentimentos. Crença é mental, você precisa criar dentro de você elementos que te deem combustível.

A ideia é primeiro respirar e internalizar esse combustível para que você tenha força para agir. Daí em diante, é como dirigir: engata a primeira e acelera. Engata a primeira e acelera, e só para de acelerar quando realizar os seus sonhos. Há muita gente que faz isso e fica em ponto morto e não sai do lugar.

Por isso, 99% das pessoas não têm sucesso e ficam na média. O raciocínio é simples. Se parar para pensar, o que é uma pessoa ordinária? Uma pessoa que não tem atitude ou tem apenas uma atitude mediana e comum.

A pessoa ordinária é a pessoa comum. Você precisa entender que ordinário não é, necessariamente, uma coisa ruim. Se você tem 10 cadeiras pretas iguais, essas cadeiras são ordinárias, porque são comuns. Entre elas, são comuns.

No entanto, quando eu me refiro às pessoas extraordinárias, me refiro a pessoas de visão, de sucesso, pessoas que pagam o preço, determinadas, com coragem, invariavelmente.

O que todos deveriam saber é que o mundo recompensa as pessoas. A vida recompensa você por aquilo que você faz e por

aquilo que entrega. Isso quer dizer que você é premiado pelas suas atitudes.

Por que as pessoas, a maioria delas, não têm sucesso e são até infelizes? Porque elas mantêm uma atitude mediana, que é aquela atitude ordinária, igual à da maioria das pessoas.

A maioria das pessoas exige de si mesma uma atitude diferente por pouco tempo na vida, sem consistência. O homem de sucesso, a mulher de sucesso, tomam uma decisão e escolhem fazer todos os dias o que as pessoas comuns querem fazer de vez em quando.

Eu subo a minha régua da atitude, quando eu faço o que tenho que fazer, com faca nos dentes e ponto final. Sabe por quê? Porque eu não tenho a resposta de que se eu fizer vai dar certo. Ninguém tem essa resposta.

Não temos, na vida, garantia de que as coisas darão certo. Mas eu posso garantir uma coisa: se você não fizer, não vai dar certo. Isso quer dizer que vale a pena arriscar e pagar o preço. Se você fizer o que precisa ser feito, as suas chances são infinitamente maiores e podem levar você para onde quer chegar. Tudo o que nós temos de ter é uma chance.

Desde que comecei a fazer marketing multinível, precisei aprender a tomar decisões e ter atitudes que me levassem em direção ao meu sonho. Lá no começo, quando estávamos dispostos a fazer nossa primeira convenção de vendas, em 2008, nosso primeiro ano de deserto, não sabíamos como fazer. Estávamos aprendendo e acreditávamos que sabíamos, então, programamos uma convenção de vendas para outubro, que seria aniversário da Companhia.

O faturamento despencou 90%, não tínhamos dinheiro para nada e a data da Convenção se aproximava. Seria num hotel na avenida Paulista, em São Paulo, e tudo estava preparado, mas eu não tinha o básico que era dinheiro para pagar o evento.

Precisava organizar tudo com os fornecedores e com toda a força de vendas da Hinode, mas simplesmente não tinha dinheiro para pagar. Eu conversei com a Crisciane, minha irmã e sócia, e disse que iria ligar para todos os nossos líderes cancelando nossa primeira Convenção como empresa e marketing multinível. No

entanto, na mesma hora, ela pediu para ver se não teríamos outra saída, pois essa seria muito ruim.

Eu respondi a ela que, mais do que ninguém, tinha evitado essa decisão. Porém sempre que você faz a sua parte, o impossível de DEUS acontece... Então, como um verdadeiro milagre, recebi uma ligação

Cinco anos antes, eu e a Leila tínhamos reunido todas as nossas economias para construir uma casa que não tinha sido entregue. Era todo o nosso dinheiro na época, o que equivaleria hoje a 200 mil reais. Além de não receber a casa, não tínhamos recebido o dinheiro dado como sinal e, mesmo cobrando na Justiça, a ação ainda tramitava fazia três anos.

Na semana que eu estava prestes a tomar a decisão de cancelar o evento, recebi a ligação do devedor. Sua proposta era fazer um acordo. Ele estava disposto a pagar metade da dívida. Não tive dúvida e aceitei imediatamente a oferta. Quando cheguei em casa, chamei a Leila para conversar:

– Preciso te dizer uma coisa... – comecei. Expliquei a ela que tinha recebido uma oferta de acordo, que eu tinha aceitado sem falar com ela.

Ela comemorou e concordou. Então continuei:

– Calma... tem mais uma parte... uma parte que você não sabe...

Enquanto ela me olhava, curiosa para que eu continuasse, falei de uma só vez:

– Eu quero pegar esse dinheiro para pagar a Convenção.

Ela me olhou de um jeito firme e respondeu imediatamente:

– E por que ainda não pagou?

Naquele dia, tomei uma decisão e uma atitude que impactariam a vida de 11 pessoas que foram àquela Convenção e que continuariam na Hinode. Hoje elas são milionárias. Apenas 11 das 300 pessoas que estiveram ali mantiveram a atitude de permanecer e colher os resultados.

Pagar o preço é apostar as suas fichas em algo que você acredita que vai dar certo, mesmo que esse algo seja tudo que você tem em mãos naquele momento.

O que acontece com as pessoas em geral é que elas procrastinam e arranjam desculpas para não fazer o que precisa ser feito.

O medo, por exemplo, é uma desculpa muito usada por quem não quer sair da zona de conforto.

Conheço muita gente que fica a vida toda na zona de conforto. Ela é quentinha, e a natureza do ser humano pende para a zona de conforto. Então, é muito normal você ficar na zona de conforto. A maioria das pessoas fica.

Existe uma hierarquia de necessidades chamada Pirâmide de Maslow, que é um conceito criado pelo psicólogo americano Abraham Maslow. Ela determina as condições necessárias para que cada ser humano atinja a sua satisfação pessoal e profissional. De acordo com o conceito de Maslow, os seres humanos vivem para satisfazer as suas necessidades, com o objetivo de conquistar a sonhada autorrealização plena. A Pirâmide de Maslow trata justamente da hierarquização dessas necessidades do ser humano ao longo da vida.

A Pirâmide de Maslow é dividida em cinco níveis, e cada um é formado por um conjunto de necessidades. Na base da pirâmide estão os elementos considerados primordiais para a sobrevivência de uma pessoa, como a fome, a sede, o sexo e a respiração. O segundo nível é a necessidade de segurança.

Muitas pessoas não progridem nessa pirâmide das necessidades porque já estão satisfeitas com a segurança e necessidades básicas. Por isso, não é todo mundo que vai chegar ao topo da pirâmide e buscar realização.

Isso acontece porque o ser humano ainda tem o gene do homem das cavernas, que caçava, voltava para casa, comia e se reproduzia. Isso quer dizer que fomos programados para ter sobrevivência. Nossas células são programadas para essa zona de conforto. Mas sabe de uma coisa? Na zona de conforto não existe progresso. A zona de conforto é média.

O que muda as pessoas são atitudes empreendedoras. O que são atitudes empreendedoras? Fazer melhor todos os dias. Não importa aquilo que você faça. Se você é um balconista, que seja o melhor balconista naquele dia. E que hoje você seja melhor do que ontem e que amanhã você seja melhor do que hoje. Se você é um gerente, advogado ou um distribuidor de MMN, que faça isso melhor hoje do que você fez ontem e amanhã melhor do que fez hoje.

Você é mãe? Pai? Filho? Amigo? Não importa, seja melhor todos os dias. Seja você quem for, ocupe a posição ou o cargo que ocupar, exercite a ATITUDE EMPREENDORA diariamente. A melhor parte dessa história é que, para sermos melhores, não dependemos de nada nem de ninguém, é sempre uma questão de decisão pessoal. Na minha vida, eu aprendi desde muito cedo que, independentemente da situação ou do momento, eu serei melhor, terei ATITUDE EMPREENDEDORA.

Não deixe a zona de conforto determinar os limites da sua vida. O que eu sugiro, quando existir desconforto, é correr ao encontro dele. Quanto mais tempo você passar fora da sua zona de conforto, mais ampla ela se tornará. Isso é ampliar a sua zona de conforto. Se você não sair dela, você não vai ampliar. Então, sai dela que eu garanto: ela vai ficar cada vez maior.

Quanto mais você se arriscar, mais as coisas assustadoras parecerão normais. Hoje, vejo coisas que já fiz e que me davam pânico de fazer, e sei que ninguém sai do zero para 40 mil. É um progresso. O problema é sair do zero. O mais difícil é sair do zero.

É como a história da decolagem de um avião. Quando o avião está decolando, ele coloca 100% de força de motor, 100% para dar velocidade e subir. Quando chega lá em cima, o que ele faz? Diminui a potência e a força do motor. Já não usa mais toda a força. A dificuldade não é lá em cima, a dificuldade maior é sair do zero. É esse arranque que você tem que fazer, é esse arranque eu chamo de plano de 90 dias.

Por que as pessoas não conseguem, por exemplo, fazer uma dieta? Porque elas não conseguem superar os 90 dias, e todo esforço fica em vão. O plano deve ser de 90 dias. Tudo o que você quiser fazer na vida, tem que fazer durante 90 dias, pelo menos, com intensidade. Se quiser mudar de vida, você tem que ter um plano e uma atitude.

Eu sempre fiz planos de 90 dias. Sempre. Há pouco tempo perdi 18 quilos. Eu tinha 114 quilos e tomei uma decisão de ter uma atitude acima da média. O homem de sucesso não tem uma atitude média. Eu engato a primeira. A dificuldade está em pôr a primeira e acelerar. Naturalmente, você vai puxar a segunda. A única marcha no carro manual que você tem que pôr realmente para sair do

lugar é a primeira. Todas as outras são para aumentar a velocidade. Ponto final. A do arranque é a primeira.

Se você está procrastinando uma atitude, coloque a primeira e arranque. As demais marchas são para você aumentar a velocidade. A vida é isso. As pessoas não colocam a primeira marcha, elas não arrancam. E faça isso por um período mínimo de 90 dias. Seja consistente.

Se decidir ir para a academia, mantenha esse plano por 90 dias. Não desista. Está difícil? Ninguém falou que ia ser fácil, pelo contrário. Mas não adianta você sair do lugar hoje e voltar para o mesmo lugar à noite. Não adianta você ir para a academia um dia, voltar para casa, e no dia seguinte não retornar. Você tem que ter atitude e se comprometer com a sua atitude inicial. Todos os dias, no mínimo, por 90 dias. Você experimenta fazer uma academia, um curso de inglês, uma dieta...

Não adianta não comer carboidrato num dia e no dia seguinte voltar a comer. Com disciplina, chegará uma hora em que você estará tão consistente que inevitavelmente colocará a segunda marcha.

Para tudo na vida é preciso fazer um plano de 90 dias. Se estiver fazendo marketing multinível, por exemplo, você fará a lista, fará convite, mostrará plano, venderá produto e participará ativamente do sistema de treinamento. Você tem que fazer isso durante 90 dias, senão não vai passar da segunda marcha.

Em tudo na vida é assim. As pessoas não chegam lá porque desistem. Muitos não colocam nem a primeira, muitos não arrancam, e entre aqueles que arrancam, a maioria desiste. A maioria não tem constância.

Muitos têm atitude e querem colher o resultado no dia seguinte. O problema é esse também, essa urgência de resultado. Isso não existe. A Hinode tem 30 anos, hoje eu estou vivendo a melhor fase da nossa empresa, mas eu passei 24 anos debaixo d'água. Ninguém me conhecia, não conseguia sobreviver, 24 anos pagando o preço.

Você começa a colher os resultados, quando houver constância, velocidade e intensidade. Você vai sair para vender um produto? Então, saia e não volte para casa sem vender o produto.

Você precisa visitar três clientes e mostrar três planos de negócios, não volte para casa sem visitar três clientes e mostrar os três

planos. Você precisa perder 1 quilo, em uma semana? Siga a sua dieta, porque se você não perder 1 quilo em uma semana, você vai parar. Você volta para a zona de conforto e sua atitude acaba. Você fica desmotivado e para de tentar.

A maioria das pessoas começa a fabricar desculpas contra elas mesmas nesses momentos, acreditando que aquilo não é para elas. Isso acontece na vida, e no marketing multinível é só um reflexo de como a sociedade é. O marketing multinível reflete a sociedade, há muito mais pessoas na base da pirâmide do sucesso do que no topo dela.

São muito poucas as pessoas dispostas a ter uma atitude acima da média, uma atitude empreendedora, uma atitude de fazer melhor todos os dias, pelo tempo que for necessário ser feito. A pergunta é: "Está disposto a mudar de vida?".

Se a resposta for sim, quanto você está disposto a trabalhar por isso? Está disposto a pagar o preço?

A maioria diz que sim, ou seja, tem paixão e crença, mas na hora de agir simplesmente não age ou, se age, desiste nos primeiros desafios e volta correndo para a vida anterior, volta para a escravidão da zona de conforto, onde nada acontece.

Só disposição não adianta nada. É como se eu pedisse para você tentar pegar uma caneta em uma mesa. Você tenta pegar ou pega? Se você pegar a caneta, está fazendo algo diferente do solicitado, certo?

Logo, tentar e fazer são coisas distintas. Tentar não é fazer. Só disposição não é suficiente. Disposição é fundamental, mas chega uma hora em que você tem que fazer mesmo indisposto.

Nem sempre você fará aquilo de que gosta. O sucesso exigirá muito que você faça aquilo que tem que ser feito, mas que nem sempre é aquilo de que você gosta. Então arrume um jeito de ser apaixonado por aquilo que tem que ser feito.

Já ouvi pessoas dizendo: "Ah, Sandro, eu tenho uma dificuldade imensa, sabe o que é, eu não gosto de vender produto, o que você acha que eu tenho que fazer, cara?". Eu respondo: "Venda produto". Se outro diz: "Eu não gosto de mostrar plano", eu respondo: "Mostre plano". A vida não é fácil. É simples, mas não é fácil.

O sucesso está à disposição de todos, mas a maioria não tem ATITUDE EMPREENDEDORA para encontrá-lo.

Encare o caos em vez de fugir para o velho modo de pensar e agir. Expanda seus limites, arrisque-se, aventure-se além da sua rotina. Se alimentar sua visão, sabendo que ninguém pode ou mesmo vai ter uma visão maior que a sua sobre o seu sonho, vai chegar no topo e fazer o que for preciso. Dentro de um princípio ético, moral, respeitando as pessoas.

Não existe sucesso sem valor moral sólido. Você pode até ganhar dinheiro, mas não é sucesso. Não é sucesso nem felicidade. Você pode ter uma conta bancária enorme, mas sem valor moral você não é um homem de sucesso e paga um preço.

NÃO É PORQUE AS COISAS SÃO DIFÍCEIS QUE NÃO ARRISCAMOS. ELAS SE TORNAM DIFÍCEIS PORQUE NÃO ARRISCAMOS.

Muitas pessoas dizem: "Ah, mas a minha vida não muda. Minha vida não muda, está tudo igual sempre". Tá, mas a vida não muda não é por aquilo que você faz, é por aquilo que você deixou de fazer.

O sucesso é a soma diária de pequenas atitudes positivas, esse é o sucesso. Por outro lado, o fracasso é a ausência de atitudes positivas. Se você me perguntar "O que eu tenho que fazer para alcançar o sucesso?", vou responder que precisa fazer "milhares de coisas, milhões de atitudes diárias".

"E o fracasso?" A resposta é muito mais simples: "Não faça nada".

Você não precisa se esforçar muito para fracassar. O fracasso encontra você, ele não precisa ser perseguido. Ninguém precisa perseguir o fracasso. Esse é o melhor tônico para que você comece a fazer alguma coisa. Faça todos os dias algo que o amedronta porque logo você transformará o medo em poder e assim vai construir autoconfiança.

A única coisa que você pode controlar é a sua atitude, você não pode controlar o resultado. Você pode fazer tudo certo e não alcançar resultado. Mas isso não deve fazê-lo parar. Pelo contrário. Você deve tentar de novo e de novo. Claro que a segunda tentativa será diferente, e você melhorará em vários aspectos.

Com a segunda tentativa irá nascer uma atitude nova. Você irá aprender mais, ler mais. A grande questão é que o sucesso de on-

tem não garante o sucesso de hoje, nem o de amanhã. Não garante. É zona de conforto de novo e você precisa expandir conscientemente sempre. E nessa conta do crescimento e desenvolvimento pessoal, não tem neutralidade. Essa curva nunca é estável. A curva do crescimento nunca é estável. Ou você está crescendo ou você está caindo, sempre.

Sabe por quê? Você só tem uma curva, quando mede algo em relação a outra coisa. Se você está estável e tem alguma coisa que está crescendo, você está caindo. É simples. Se você está no meio de pessoas que estão crescendo e você se mantém estável, desculpe, a sua participação naquele grupo está ficando menor.

Sempre tem alguém crescendo. Sempre tem alguém participando mais do mercado, sempre tem alguém ampliando o mercado, sempre tem alguém ampliando influência, e se você não está ampliando a sua influência, se você não está influenciando pessoas, você está encolhendo. Por quê? Porque está todo mundo expandindo. Você está perdendo o seu espaço. Manter o seu espaço é perder o seu espaço.

NA CURVA DO CRESCIMENTO NÃO EXISTE ESTABILIDADE

Você continua crescendo e não precisa crescer aceleradamente o resto da vida. Cresça, desenvolva-se. Não existe limite para a evolução. Desenvolva-se, queira ser melhor, queira fazer melhor e tenha uma atitude empreendedora.

Ter uma atitude empreendedora é diferente de forçar o risco. Você precisa ser responsável, não pode sair correndo risco. Você deve assumir riscos, planejar, mas fazer isso de forma correta. Sempre com amor pelo desafio.

Muitos pensam demais e não agem por medo de arriscar. Essas pessoas pensam demais nos prós e nos contras e ficam estagnadas no ponto morto. Cheias de combustível, de fé, de crença, entusiasmadas e paradas. Ficam gastando gasolina em ponto morto, mas vai chegar uma hora em que vai acabar a gasolina, porque até em ponto morto se gasta energia.

As pessoas de sucesso não precisam de mais motivação, elas precisam de mais disciplina. Porque você não estará motivado to-

dos os dias, e o que vai fazer você agir no momento de desmotivação é a disciplina. A disciplina em manter a atitude. É necessário disciplina para manter a atitude.

Você pode passar uma vida inteira dando desculpas ou produzindo resultado, você só não pode fazer as duas coisas ao mesmo tempo. Não dá para produzir resultado e ao mesmo tempo dar desculpa. Esqueça, você pode escolher uma coisa ou outra, não tem problema, você é livre. O sucesso exigirá de você algo muito especial, muita disposição, muita resiliência. Só que eu vou te contar uma coisa: vale muito a pena, vale muito a pena.

A sua vitória é exatamente do tamanho da sua atitude. É do tamanho da sua entrega. É do tamanho do seu treinamento.

A distância atual para o seu próximo grande resultado é exatamente do mesmo tamanho da sua atitude e do tempo que estiver disposto em mantê-la. Simples assim.

O que você acha que um atleta que ganha uma medalha de ouro numa competição de corrida faz no dia seguinte? Ele treina. Já imaginou se ele chegasse para a treinadora e dissesse: "Olha só, já sei tudo desse negócio, já sei como treina, já sei o que tem que fazer para ganhar medalha de ouro. Sabe de uma coisa, eu vou parar de treinar". Qual a chance de ele ganhar a próxima medalha de ouro? Nenhuma.

O Neymar é o maior jogador brasileiro de sua geração. Ele tem um talento nato. Mesmo assim, ele treina todos os dias obsessivamente. Por que treina todo dia se o cara tem talento? Treina todo dia para ser melhor.

Por isso, faça. Aja.

A vida nem sempre recompensa aquele que é mais talentoso. Ela recompensa aquele que faz mais. Veja o exemplo da minha filha, que passou no vestibular. Ela tem uma amiga que é muito mais talentosa na escola do que ela, só que essa amiga ia para a aula e não estudava em casa, não pagava o preço, nem se preparava, por consequência, não passou no vestibular. A Ana Vitória passou. A vida não recompensa você por aquilo que sabe, a vida recompensa você por aquilo que você faz com aquilo que sabe.

O QUE VOCÊ FAZ COM AQUILO QUE SABE?

Não perca muito tempo também querendo aprender tudo para começar a agir, porque esse tempo irá passar e talvez você não tenha mais força para fazer. Faça. Prepare-se minimamente, planeje-se, tome a consciência de que preparação é uma coisa constante e não acaba. Não adianta dizer: "Olha, estou sempre 100% preparado para começar". Isso não existe.

O maior erro hoje, dos empreendedores, é este: eles têm tanto medo de errar que não erram. Eles não estão dispostos a errar, não estão dispostos a abraçar o risco. Não estão dispostos a assumir o risco.

Aja e aja bem. Aja alinhado com seu sonho, aja alinhado com a sua fé, alinhado com a sua crença, mas aja. Seu sucesso é relacionado à quantidade de vidas que você influencia, e você só exerce influência se agir. Você não tem como influenciar ninguém sem agir.

No deserto, eu tentei diversas mudanças de plano. Mudei ciclo de venda, produto e fiz todos os tipos de promoções. Entreguei prêmios como jogos de xícaras, que eram simples, mas eram o que eu podia pagar na época. Viajei por cidades e estados na tentativa de ampliar o alcance da empresa. Eu agi. Eu tinha uma atitude empreendedora e fazia tudo aquilo que estava ao meu alcance.

Mesmo no deserto, quando eu ia para casa, triste, chateado e cabisbaixo porque as coisas não estavam acontecendo e eu não tinha o resultado, eu chegava em casa e sabia que eu tinha dado o meu melhor, eu sabia que tinha agido.

Minha mãe tem uma frase sobre liderança que eu adoro: "Líder é aquele que faz com que os outros façam aquilo que eles querem fazer, porque o líder quer que seja feito". Isso é o poder de influência.

Para fechar com chave de ouro, um dos momentos em que mais fomos impactados por essa influência e atitude da minha mãe, e fizemos o que tinha que ser feito, foi ainda no começo da Hinode. Posso dizer que esse momento marcou profundamente minha vida.

Estávamos num sobrado ao lado de um rio na zona norte de São Paulo. Tínhamos uma pequena máquina de envasar produtos e todo o estoque. Na parte de cima do sobrado eu calculava os pedidos, e na de baixo ficava a linha de envase, estoque e separação de pedidos.

De repente, numa daquelas chuvas terríveis de verão em São Paulo, o rio transbordou. As águas invadiram nosso sobrado e presenciamos uma cena inacreditável: todas as nossas embalagens, os potes dos cremes, estavam boiando.

Observamos aquilo atônitos e desesperados. Olhamos uns para os outros com lágrimas. Era tudo que tínhamos, não podíamos ver aquele sonho sendo destruído.

Eu tinha 18 anos. Era um menino e tinha medos de menino. Minha mãe, vendo aquela situação, olhou para mim e disse: "Mergulhe nessa água". A influência de uma grande líder foi dela, mas eu precisei tomar a atitude de acatar aquele desejo. E foi um grande e inesquecível ensinamento que levei para toda a vida. Minha ação, que mudou minha maneira de enxergar a vida dali em diante, consistiu em mergulhar naquelas águas do rio que tinham inundado a casa e nadar até a máquina para tentar resgatá-la. Não conseguiria desistir, nem observar aquela cena parado ou derrotado. Eu sentia que precisava fazer o que estava ao meu alcance.

Recolhemos todas as embalagens, colocamos em caixas de plástico e nos dias seguintes levamos para a quadra do condomínio onde morávamos e deixamos no sol. Compramos escovas de dente e álcool e higienizamos embalagem por embalagem com a ajuda dos meus amigos da rua, que foram convocados às pressas para ajudar.

Quando eu falo em atitude, é a isso que me refiro. Atitude acima da média é não se deixar abater por um cenário caótico e enxergar possibilidades onde elas parecem não existir, agindo para que a possibilidade seja real.

SEMPRE EXISTE UMA AÇÃO ESPERANDO PARA SER TOMADA.

Nessa situação cotidiana, muitos poderiam desistir e dizer que tinham perdido tudo, mas a minha família decidiu agir. Naquele mesmo dia, minha mãe escorregou na quadra, caiu e bateu a cabeça, que ficou com um grande calombo. Mesmo tonta, foi até nossa casa, colocou gelo e voltou para trabalhar no nosso projeto de vida. Voltou para colocar a mão na massa, agir e ajudar a higienizar todos os potes que tinham sido resgatados na enchente.

Enquanto estivermos vivos, vale a pena insistir. Vale a pena agir. O que determina nossas vidas são as nossas atitudes.

Atitude empreendedora é isso. É mergulhar na água para pegar o que é seu. É não se acovardar diante de uma situação. Por isso, mergulhe. Mergulhe para pegar o que é seu. Vá buscar. Tenha atitude empreendedora. Sempre, enquanto estiver vivo.

CHAVES PARA NÃO ESQUECER
MERGULHE COM ATITUDE

NÃO TEMOS A MÍNIMA NOÇÃO DO QUANTO A NOSSA ATITUDE PODE IMPACTAR A VIDA DAS PESSOAS.

Uma simples atitude pode mudar tudo. Ela pode mudar seu presente e seu futuro, mas pode também influenciar positivamente a vida de milhares de pessoas. Não menospreze o valor de uma atitude, porque ela pode parecer simples e, no entanto, suas consequências têm muito valor. O efeito multiplicador de uma atitude pode ser visto depois de anos. Por isso líderes são reconhecidos anos após a morte deles. Porque tiveram a ousadia de agir, quando todos os outros não estavam dispostos a dar o passo em direção aos sonhos. Aja, sem procrastinar, e veja os resultados se espalhando rapidamente.

AS PESSOAS DE SUCESSO AGEM. AS DEMAIS SUCUMBEM À FALTA DE ATITUDE.

O sucesso é resultado de ações constantes. É a ação que promove mudanças na sua vida. A falta de atitude pode fazê-lo adormecer em uma procrastinação sem fim. As pessoas de sucesso agem, apesar das consequências que suas ações podem trazer. Elas procuram resultado e não sucumbem à falta de atitude. Uma atitude pode mudar tudo e a falta de ação pode paralisar uma vida de sucesso. Aja.

NÃO TEMOS, NA VIDA, GARANTIA DE QUE AS COISAS DARÃO CERTO. MAS EU POSSO GARANTIR UMA COISA: SE VOCÊ NÃO FIZER, NÃO VAI DAR CERTO.

Algumas pessoas procuram garantias para saber se aquilo que elas querem fazer dará certo. Na vida, não existe como garantir nada, exceto uma coisa: se você não fizer, não vai dar certo. Por isso, aja, mesmo que não saiba quais serão os resultados produzidos por aquela ação. A ação promove uma mudança que por si só transforma o cenário onde você está inserido. Não crie desculpas para sua falta de ação nem se esconda, quando for necessário agir. Sempre devemos agir quando tivermos uma meta definida e em direção aos nossos sonhos. Sempre.

O QUE É UMA ATITUDE EMPREENDEDORA? FAZER MELHOR TODOS OS DIAS. NÃO IMPORTA O CARGO NEM A POSIÇÃO QUE VOCÊ OCUPA.

Agir de maneira empreendedora é observar a si mesmo para que o melhor seja feito dia após dia. Não importa em que área você trabalhe, a ação determinada pode transformar tudo. Melhorar a ação, colocando mais de si mesmo é uma das ferramentas mais poderosas para atingir seus objetivos e chegar mais perto dos sonhos.

QUANTO MAIS VOCÊ SE ARRISCAR, MAIS AS COISAS ASSUSTADORAS PARECERÃO NORMAIS.

Se algo lhe parece tenebroso demais para arriscar, lembre-se de que a primeira vez sempre dá frio na barriga. Quanto mais você arriscar, mais as coisas assustadoras parecerão normais e uma hora você vai olhar para tudo que construiu através de pequenas atitudes diárias e perceber como valeu a pena cada risco. Pode parecer assustador, mas na verdade é um obstáculo que você precisa transpor.

SE VOCÊ ESTÁ PROCRASTINANDO UMA ATITUDE, MESMO CHEIO DE PAIXÃO E CRENÇA, COLOQUE A PRIMEIRA MARCHA E ARRANQUE. AS DEMAIS MARCHAS SÃO PARA VOCÊ AUMENTAR A VELOCIDADE.

Não tem como sair do lugar em ponto morto. Coloque a primeira marcha e arranque, porque essa é a única garantia de que você vai sair do lugar. Aumente a velocidade e vá. Não pergunte como. Simplesmente aja para sair do lugar.

EM TUDO NA VIDA É ASSIM. AS PESSOAS NÃO CHEGAM LÁ PORQUE DESISTEM. MUITA GENTE NÃO COLOCA NEM A PRIMEIRA, MUITA GENTE NÃO ARRANCA E, ENTRE AQUELES QUE ARRANCAM, A MAIORIA DESISTE.

Muitos reclamam insistentemente que não é fácil, mas a maioria perde na largada. Quem fica parado e não procura agir para encontrar o objetivo não consegue alcançar aquilo que pretende. Desistir no meio do caminho também não pode ser uma opção. Coloque velocidade e, com o tempo, começará a colher resultados dos seus atos.

VOCÊ COMEÇA A COLHER OS RESULTADOS, QUANDO HOUVER CONSTÂNCIA, VELOCIDADE E INTENSIDADE.

Resultado só vem se você agir com constância. Não adianta começar um regime um dia e abandonar no dia seguinte. É preciso fazer, dia após dia, escolhas alimentares conscientes para atingir um objetivo. Qualquer que seja seu objetivo, faça escolhas diárias que levarão você para uma rotina diferenciada. Essa rotina corresponde ao sucesso. É a colheita da semeadura feita através da disciplina.

O SUCESSO VAI EXIGIR MUITO QUE VOCÊ FAÇA O QUE PRECISA SER FEITO, MAS NEM SEMPRE O QUE TEM QUE SER FEITO É AQUILO DE QUE VOCÊ GOSTA. ENTÃO ARRUME UM JEITO DE SER APAIXONADO POR AQUILO QUE TEM QUE SER FEITO.

Algumas atividades são inevitáveis em nosso dia a dia no caminho do sucesso e nem sempre poderemos evitá-las. A magia

está em encontrar paixão nas atividades que precisam ser executadas, para que você consiga ter a mesma motivação, quando estiver determinado a fazê-las. Lembre-se: não é todos os dias que acordamos motivados. Precisamos acender a chama dentro de nós para não depender de motivações externas que promovam um estado de espírito favorável. Seja você esta chama que desperta a ação.

NÃO É PORQUE AS COISAS SÃO DIFÍCEIS QUE NÓS NÃO ARRISCAMOS, ELAS SE TORNAM DIFÍCEIS PORQUE NÓS NÃO ARRISCAMOS.

Acredite: quando o cenário parece difícil, ele está dessa maneira porque você não tomou a atitude correta tempos atrás. A atitude de hoje promoverá a paz de amanhã e o resultado de amanhã. Portanto, empurrar com a barriga nunca deve ser uma opção. Viva sua vida com intensidade e comprometimento.

O FRACASSO ENCONTRA VOCÊ, ELE NÃO PRECISA SER PERSEGUIDO.

Ninguém precisa perseguir o fracasso. É só não fazer nada que ele encontra você. Quem quer um tônico para seguir adiante, coloque esta frase na geladeira. Perceba que, se você agir, poderá estar se colocando em direção ao sucesso, mas a falta de ação pode deixá-lo à mercê do fracasso.

A ÚNICA COISA QUE VOCÊ PODE CONTROLAR É A SUA ATITUDE, NA GRANDE MAIORIA DAS VEZES, VOCÊ NÃO PODE CONTROLAR O RESULTADO.

Aja com os seus 100%. Seja melhor a cada dia e dê o seu melhor. Se você recebe pouco da vida, talvez seja porque esteja se dedicando na mesma intensidade, portanto, controle a sua atitude e dê o máximo de si. Essa é a garantia que você tem. O resultado virá, mas nunca do seu jeito e no seu tempo. Continue, acelere sempre, o resultado virá. Você não pode controlar o resultado, mas pode controlar a sua atitude.

O SUCESSO DE ONTEM NÃO GARANTE O SUCESSO DE HOJE, NEM O DE AMANHÃ.

Experimente ficar parado acreditando que conseguiu o sucesso e por isso não precisa fazer mais nada. Veja o que acontece. O castelo de cartas desmoronará, e não existe nada pior que desfrutar do sucesso e vê-lo se esvair pelos dedos. O sucesso de ontem não garante o de hoje, nem o de amanhã, portanto, é necessário ter consciência de que, se você deu o seu 100% hoje, amanhã dará seu 100% e será muito maior que hoje. Isso é evoluir e progredir constantemente.

O HOMEM DE SUCESSO, A MULHER DE SUCESSO, NÃO PRECISAM DE MAIS MOTIVAÇÃO, PRECISAM DE MAIS DISCIPLINA.

Seja disciplinado e encontrará a chave para o sucesso. Diariamente, pequenas atitudes podem transformar sua vida. Tome essas atitudes de maneira implacável e não desista com a primeira queda. Você não precisa de mais motivação. Você precisa de disciplina para quando não estiver motivado.

VOCÊ PODE PASSAR UMA VIDA INTEIRA DANDO DESCULPA OU PRODUZINDO RESULTADO, VOCÊ SÓ NÃO PODE FAZER AS DUAS COISAS AO MESMO TEMPO.

Desculpas podem vir a qualquer momento. Resultados são a prova de suas ações. Apresente resultado e deixe as desculpas de lado. Não se habitue às desculpas, porque elas provam a sua inércia diante de situações que pediam ação.

A VIDA NEM SEMPRE RECOMPENSA AQUELE QUE É MAIS TALENTOSO, ELA RECOMPENSA AQUELE QUE FAZ MAIS.

Faça, independentemente se a pessoa ao lado está fazendo a parte dela. Faça a sua. A vida recompensa aquele que faz mais, aquele que age, apesar das tempestades, e encontra na ação o bálsamo para o medo. Agir é um remédio.

O MAIOR ERRO HOJE, DOS EMPREENDEDORES, É ESTE: NÃO ESTÃO DISPOSTOS A ERRAR.

Errar é resultado de uma ação. Errar faz parte do jogo, portanto, não tenha medo de agir e errar. Tenha medo de ficar parado. Erros podem ser consertados. Falta de ação não pode ser remediada.

SEU SUCESSO É RELACIONADO À QUANTIDADE DE VIDAS QUE VOCÊ INFLUENCIA E SÓ EXERCE INFLUÊNCIA SE AGIR. VOCÊ NÃO TEM COMO INFLUENCIAR NINGUÉM SEM AGIR.

Muitas pessoas querem liderar grupos sem agir. A ação é o que provoca e inspira. A ação é que influencia multidões. Seja esse influenciador através da ação e não apenas das palavras.

NÃO DESISTA PELO CAMINHO.

Existem muitas pessoas que desistem pelo caminho e param de seguir em direção aos seus sonhos. A diferença é que as pessoas de sucesso persistem sempre em direção a eles, mesmo que seja difícil.

ATITUDE É ISSO. É MERGULHAR NA ÁGUA PARA PEGAR O QUE É SEU. É NÃO SE ACOVARDAR DIANTE DE UMA SITUAÇÃO.

Ser alguém de atitude é ser alguém engajado com o próprio sonho. Se você sonha com algo, não pode desperdiçar as chances de realizar aquele sonho. Quaisquer que sejam as circunstâncias, aja se houver algo a ser feito. Não desista.

PAGUE O PREÇO.

Pagar o preço é apostar as suas fichas em algo que você acredita que vai dar certo, mesmo que esse algo seja tudo que você tem em mãos naquele momento.

PARA TUDO HÁ
UMA OCASIÃO
CERTA;
HÁ UM TEMPO
CERTO PARA
CADA **PROPÓSITO**
DEBAIXO DO CÉU:
TEMPO DE NASCER
E TEMPO
DE MORRER,
TEMPO DE PLANTAR
E TEMPO DE
ARRANCAR O
QUE SE PLANTOU;
TEMPO DE MATAR
E TEMPO DE CURAR,
TEMPO DE

DERRUBAR
E TEMPO DE
CONSTRUIR;
TEMPO DE
PRANTEAR E
TEMPO DE DE SE
ALEGRAR,
TEMPO DE CHORAR
E TEMPO DE
DANÇAR;
TEMPO DE
ESPALHAR PEDRAS
E TEMPO DE
AJUNTÁ-LAS,
TEMPO DE
ABRAÇAR E TEMPO
DE SE CONTER;

TEMPO DE PROCURAR E TEMPO DE DESISTIR, TEMPO DE GUARDAR E TEMPO DE JOGAR FORA; TEMPO DE RASGAR E TEMPO DE COSTURAR, TEMPO DE CALAR E TEMPO DE FALAR; TEMPO DE AMAR E TEMPO DE ODIAR, TEMPO DE LUTAR E TEMPO DE VIVER EM **PAZ.**

ECLESIASTES 3:1-8

O escritor russo Fiódor Dostoiévski escreveu que "há no homem um vazio do tamanho de Deus" e eu acredito que essa seja a principal causa de todas as dores do mundo. Hoje, o sofrimento das pessoas parece beirar o insuportável e as relações de muitos são rasas e superficiais, sem o mínimo de profundidade.

Vejo muitos jovens acreditando que começarão um negócio e terão resultado em seis meses ou um ano, menosprezando o tempo necessário para a construção de algo sólido.

Minha esposa, Leila, sempre disse que sou um homem em constante construção, e como sei que o que preenche esse vazio é a fé que alimenta minha alma e a luz de Deus que me preenche de todas as formas, minha vida nunca foi vazia, nem mesmo nos momentos em que me faltou dinheiro.

Quando acreditamos que podemos liderar pelo amor, fazendo uma verdadeira revolução através do nosso exemplo, inevitavelmente somos testados. E como você pôde ver, fui testado de todas as formas possíveis durante minha trajetória.

No entanto, nunca desisti. No deserto, não parei de caminhar por um segundo. Nos momentos em que "briguei" com Deus, não

perdi a fé Nele. Todos os dias, quando acordava, procurava algo que fosse alimentar a minha paixão pela vida e por tudo que eu fazia para torná-la melhor para mim e para quem estava ao meu redor.

Deus foi me moldando e transformando para que eu pudesse transmitir verdade para as pessoas que me cercavam. Acredito que tudo tem um sentido, por mais que no momento não seja passível de compreensão.

Depois de tantos desafios, hoje posso comparar o crescimento da empresa e entender que estamos apenas começando. Em agosto de 2012 alcançamos a marca de 10 franquias e hoje contamos com mais de 500 franquias espalhadas pelo Brasil distribuindo produtos.

Depois da primeira Convenção, em que eu não tinha dinheiro para pagar os fornecedores, já fiz dezenas delas, sendo que a última, até o momento em que escrevo este livro, reuniu 40 mil pessoas.

Neste ano fechamos 2 cruzeiros com 4 mil diamantes. Levamos 800 pessoas para Cancún, entregamos supercarros para os líderes, e um Lamborghini para o Titan da Companhia, Evandro Viana. Fizemos pessoas comuns terem atitudes acima da média para alcançarem seus objetivos.

Saímos de uma garagem para um sobrado, de um sobrado para um galpão e de um galpão para um complexo empresarial (fábrica, distribuição e escritórios) de mais de 25 mil metros quadrados, que coloca mensalmente milhões de itens de higiene pessoal, perfumaria, cosméticos e bem-estar no mercado.

Depois daquele e-mail comemorativo, onde celebramos a vitória do primeiro milhão, vieram outras grandes conquistas, até atingirmos a marca de 2,5 bilhões em faturamento no ano de 2017.

Hoje, com mais de 800 mil consultores, 700 funcionários diretos trabalhando com cosméticos, estamos expandindo nossos negócios para a América do Sul, América Central, México, Estados Unidos e para o mundo, levando o modelo para longe e inspirando o mundo com nossas práticas.

Tenho hoje uma paixão, crença e atitude ainda maiores, pois nós estamos construindo a melhor e maior empresa de MMN do mundo. A missão Hinode vai alcançar milhões de pessoas no Brasil e milhões de pessoas no mundo.

As recompensas sempre chegam e chegam de forma incrível.

Em outubro de 2016 tive um dos dias mais felizes da minha vida, o de estar sentado pelo 23º ano seguido na plateia do Prêmio Abihpec Beleza Brasil 2016.

Durante 22 anos consecutivos, estive sentado ali, batendo palmas para os vencedores sem nem ver a Hinode ser classificada. Mas eu tinha dentro de mim uma crença tão grande de que um dia eu ganharia que passei 22 anos batendo palma com muita convicção, sabendo que meu dia chegaria.

Quando ouvi a Hinode entre as finalistas, ao lado dos nomes de empresas que cresci admirando, como Natura e Boticário, fiquei arrepiado. Eu concorria com empresas gigantes do mercado, e eu ainda estava engatinhando.

Mas a minha hora tinha finalmente chegado e o deserto definitivamente tinha ficado para trás. Talvez de forma profética, quando minha mãe batizou a Hinode com um nome que significa "sol nascente", ela soubesse que sempre ia ressurgir e iluminar pontos de escuridão, que ia aquecer corações e fincar sua presença de forma irrefreável. Assim como ninguém pode impedir o Sol de brilhar, percebi que era inevitável que a Hinode ganhasse todas as atenções e naquela noite, quando o nome da empresa foi lido durante a premiação e saímos finalmente da condição de espectadores para subirmos ao palco e recebermos nosso Prêmio, entendi a dinâmica da vida e agradeci a Deus por ter adquirido, acima de tudo, sabedoria durante o processo de crescimento da empresa, que representou meu próprio processo de crescimento.

Não precisa ser fácil. Na maioria das vezes não é, mas tenha uma crença absurda de que você pode. Essa crença fará com que você tenha atitudes acima da média, e isso pode levar você a lugares inimagináveis.

Deus me deu 100 vezes mais do que qualquer coisa que em algum momento eu tenha pedido, mas prêmios, viagens, reconhecimento têm algo em comum.

O que tudo isso tem em comum?

Está tudo no passado. Tudo isso já aconteceu. O sucesso de hoje não garante o sucesso de hoje nem o sucesso de amanhã. Por isso, não vou parar enquanto essa missão não alcançar milhões e

milhões de pessoas. Ainda estou comprometido com esse negócio que mudará sua vida.

Estamos só no começo, e eu acredito que quem não tem sonhos está morto.

Acredito que, se você não alcançou tudo que pode, você tem pouco. Se pode ganhar mais, que ganhe muito, porque se você não ganha tudo aquilo que pode, você ganha pouco.

Eu não estou dizendo isso pelo valor da moeda, e sim pelo crescimento. Eu tenho grandes sonhos e continuo trabalhando 10, 12, 14 horas por dia. Amo esse negócio.

Não é mais dinheiro que me fará levantar da cama. O que me move hoje é fazer com que a Hinode possa mudar a sua vida e sou muito grato a Deus por isso. São 35 anos de carreira (5 anos com minha mãe, quando apenas vendíamos produtos e 30 de Hinode), e eu nunca desisti.

Não desista. Seja qual for a fase pela qual você esteja passando na sua vida, não pense em parar de caminhar. Caminhe pelo seu deserto, seja apaixonado pela vida, busque seus sonhos, acredite no que parece impossível. Tenha atitudes extraordinárias.

Eu garanto que você pode conquistar tudo aquilo que deseja. Eu garanto que você pode. É só você acreditar nisso. Só você. Viva a vida nos 100%. Você pode viver assim. Você merece viver assim! Deus fez você para brilhar.

Brilhe como um Sol nascente.

Lembre sempre: Você PODE! Você CONSEGUE! E, principalmente, você MERECE VIVER O MELHOR DESTA TERRA!

Fique em paz, confie em DEUS, seja feliz e, na sua caminhada, conte comigo no mínimo... para sempre!

Para finalizar, deixo o versículo que me sustentou durante meu deserto e tem me sustentado até hoje:

Por isso não tema, pois estou com você;
não tenha medo, pois sou o seu Deus.
Eu o fortalecerei e o ajudarei;
eu o segurarei
com a minha mão direita vitoriosa.
(Isaías 41:10)

Seja muito feliz! DEUS o abençoe!
Obrigado por ter chegado até esta página... Para mim foi a maior honra da minha vida!!!

Fontes LYON, AKZIDENZ GROTESK